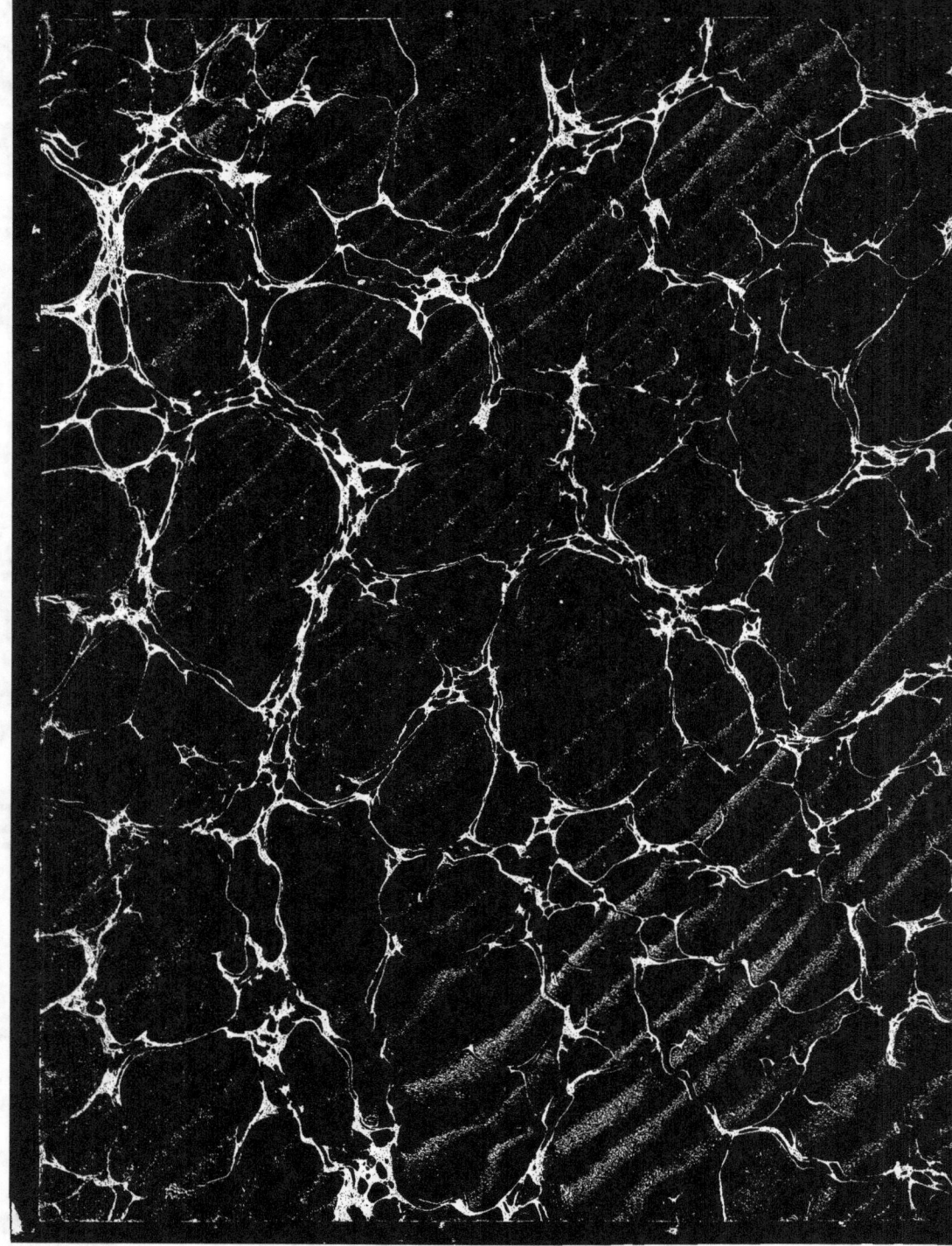

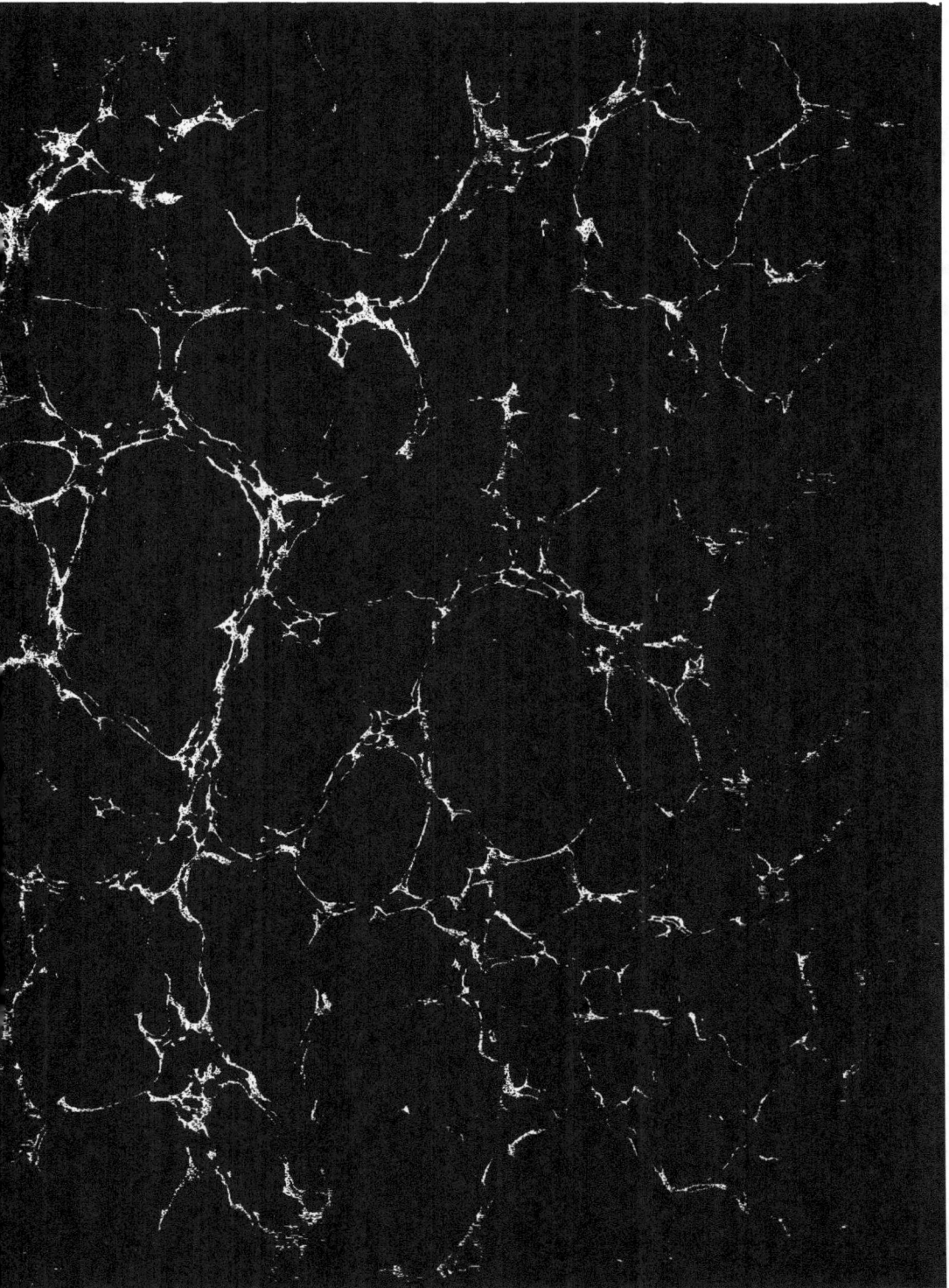

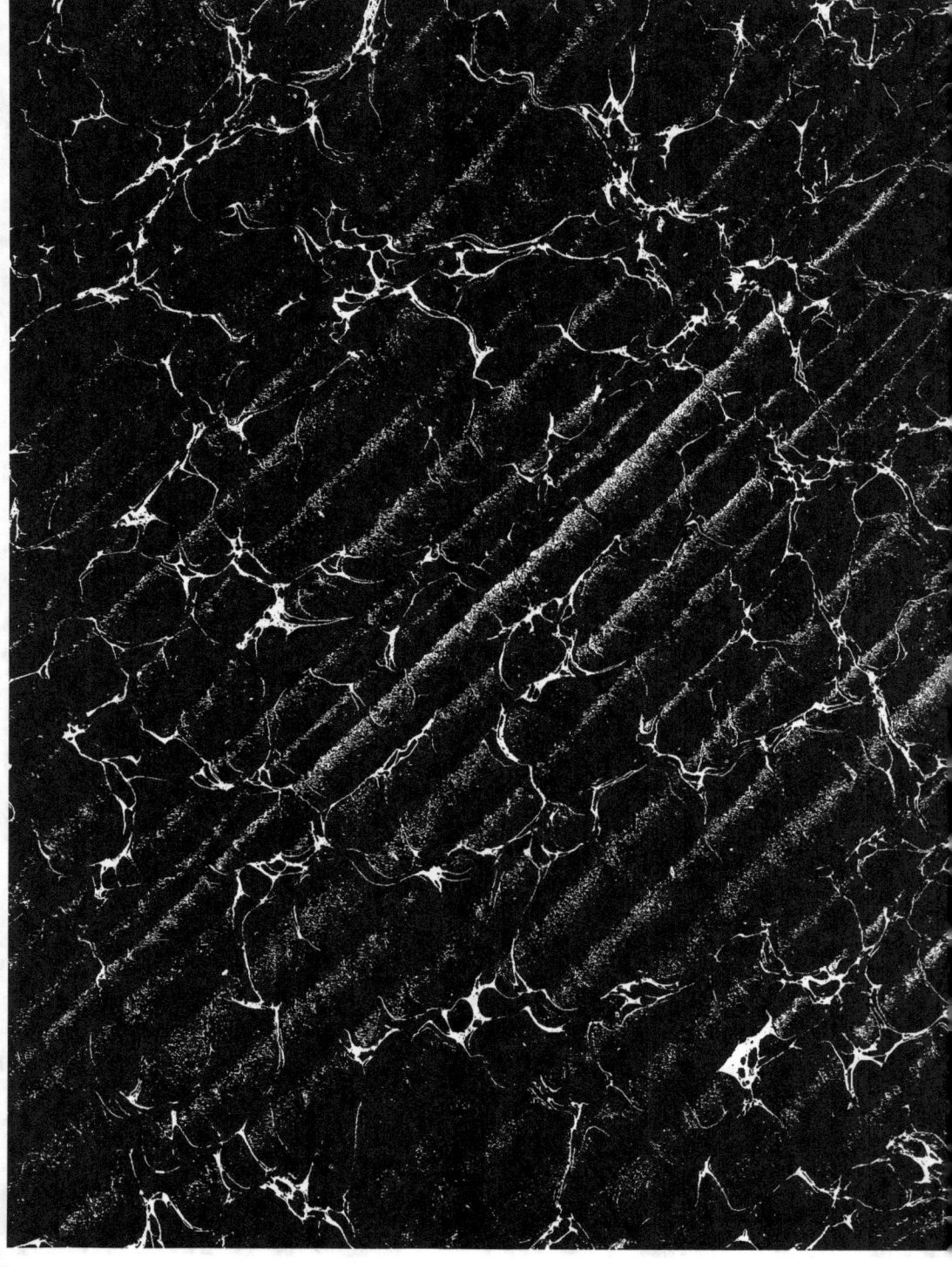

P316.
3.C.8.

V 74789

GALERIE
DES PEINTRES
LES PLUS CÉLÈBRES.

PARIS. — TYPOGRAPHIE DE FIRMIN DIDOT FRÈRES,
RUE JACOB, 56.

ŒUVRES COMPLÈTES
DU CORRÉGE,

ET CHOIX

DU PARMESAN.

PARIS,
LIBRAIRIE DE FIRMIN DIDOT FRÈRES, ÉDITEURS,
IMPRIMEURS DE L'INSTITUT DE FRANCE,
RUE JACOB, N° 56.

M DCCC XLIV.

VIE DU CORRÉGE.

Après Apelle, Zeuxis, Protogène, que l'on cite comme les plus grands peintres de l'antiquité, et Michel-Ange ou Raphaël, qui tiennent le premier rang parmi les modernes, il n'y en a aucun dont les ouvrages aient été décrits et loués avec plus d'enthousiasme que ceux d'Antonio Allegri, dit *le Corrége*. Doué d'un génie éminemment pittoresque, cet artiste semble même avoir sur ses rivaux un avantage particulier; son nom est celui qui vient toujours s'offrir à la pensée de l'historien, du poëte, et même de l'homme du monde, lorsqu'il s'agit d'un peintre qui n'ait point eu d'égal pour la douceur du coloris, le relief, la magie du clair-obscur et le charme du pinceau. C'est cette réunion unique des parties les plus séduisantes de l'art qui fit appeler le Corrége *le Peintre des Grâces*, et lui mérita le surnom de *Divin*.

Toutefois, malgré la célébrité dont il dut jouir de son vivant, puisque les entreprises les plus considérables lui furent confiées, dans un temps où la peinture était encore dans toute sa splendeur en Italie, comment se fait-il que, de tous les artistes d'un ordre supérieur, le Corrége soit le seul dont la vie ait à peine été remarquée, lorsque des écrivains de cette époque nous entretiennent avec une ennuyeuse prolixité de celle d'une foule de peintres dont on ne saurait tirer ni agrément, ni instruction? Ce silence, dont on peut attribuer la cause à la vie modeste et retirée d'un artiste uniquement occupé de ses travaux et du soin de sa famille, et moissonné dans la force de l'âge et du talent, est une injustice faite à l'un des plus grands peintres qui aient existé, à celui surtout dont les principaux chefs-d'œuvre ont toute la beauté et toute la perfection auxquelles l'art puisse espérer d'atteindre. Aussi, ce que l'on a recueilli de certain sur la vie du Corrége pourrait se réduire à ce peu de lignes : « Antonio Allegri naquit, en 1494, dans la ville de Cor-
« reggio, dont le nom lui est resté. Il n'est pas bien certain qu'il ait eu un maître, ni qu'il
« ait été à Rome (1). Son premier ouvrage fut le *Saint Antoine* de la galerie de Dresde,
« qu'il peignit à Carpi, en 1512 : il avait alors dix-huit ans. Après avoir exécuté plusieurs
« tableaux pour des églises et des couvents, et deux seulement pour le duc de Mantoue,

---

(1) On a dit que le Corrége, en voyant un tableau de Raphaël, s'était écrié avec un noble dépit : *Anch'io son' pittore !* Et moi aussi, je suis peintre! Mais le Corrége avait pu voir ce tableau à Modène, où il s'en trouvait également de Jules Romain. Par la même raison, le Corrége, à qui l'on ne peut refuser d'avoir eu quelque connaissance de l'antique, a pu se la procurer dans la même ville.

« ouvrages qui lui étaient médiocrement payés, et dont un seul ferait aujourd'hui la
« fortune d'un particulier, il entreprit, en 1520, les peintures de la coupole de Saint-
« Jean de Parme, et les termina en 1524. Celles du dôme de Parme, qui sont beaucoup
« plus considérables, et qui mirent le comble à sa gloire, furent terminées en 1530. On
« raconte qu'en 1534, étant venu recevoir à Parme la fin d'un payement qui n'avait pas
« été acquitté, et l'ayant reçue en monnaie de cuivre, Allegri, impatient de porter cette
« somme à sa famille, se hâta de repartir à pied pour Correggio; accablé de fatigue, il fut
« saisi d'une fièvre aiguë qui termina ses jours : il était âgé de quarante ans. »

Si l'on n'a guère d'autres particularités sur la vie du Corrége et sur son caractère (les historiens s'accordent seulement à dire qu'il était modeste et timide), il y a bien peu d'artistes qui aient fourni le sujet d'un plus grand nombre d'observations et de conjectures. Aussi, ne pouvons-nous pas donner une notice régulière et détaillée de la vie de ce grand peintre et des différents progrès de son talent, puisqu'on n'en trouve d'indications satisfaisantes dans aucun des écrivains qui se sont occupés de l'histoire de la peinture en Italie. Vasari, entre autres, ne lui rend pas toute la justice qui lui est due; et Mengs, dans un mémoire très-étendu sur la vie et les ouvrages du Corrége, présente, au milieu d'une multitude d'observations judicieuses, plus de conjectures que de faits. On peut même lui reprocher quelques inexactitudes et plusieurs omissions importantes.

Lanzi, le plus moderne, et en même temps le plus exact et le plus scrupuleux des biographes du Corrége, lui a consacré un article très-étendu dans son ouvrage intitulé : *Storia pittorica della Italia*. L'auteur discute, avec autant d'impartialité que de goût, les diverses opinions de ceux qui ont traité avant lui le même sujet, et semble avoir laissé peu de chose à y ajouter : aussi, dans la persuasion où nous sommes que, pour atteindre plus sûrement notre but, c'est de l'ouvrage même de Lanzi que nous aurions pu extraire la plus grande partie de nos indications, nous croyons faire une chose agréable à nos lecteurs en leur offrant une traduction fidèle de l'article dont il s'agit, au lieu d'une espèce de compilation qui, malgré les soins que nous y aurions mis, aurait peut-être encore laissé beaucoup à désirer.

Arrivé à la seconde et à la plus glorieuse époque de l'école de Parme, Lanzi la fait commencer avec le Corrége, et finir avec ses élèves et quelques-uns de ses imitateurs, c'est-à-dire, vers 1570. Ainsi, quarante ans après la mort de ce grand peintre, on ne retrouvait dans l'école de Parme aucune trace du style noble et gracieux qu'il y avait produit.

NOTICE SUR LE CORRÉGE[1].

Voici un artiste dont on ne peut parler brièvement à cause de sa grande réputation, et de l'influence qu'il a toujours eue sur le style des diverses écoles de l'Italie. Néanmoins, je me renfermerai, selon mon usage, dans les limites d'un abrégé; mais j'ajouterai quelques détails à ceux qui sont déjà connus, et j'y joindrai quelques réflexions qui me sont propres. Comme la vie du Corrége est enveloppée dans une foule de questions douteuses, on peut donner sur ce peintre, mieux que sur tout autre, de nouveaux aperçus. Les personnes qui désireraient en obtenir de plus étendus, peuvent consulter le chevalier Mengs, dans ses *Mémoires sur le Corrége*; le chevalier Ratti, dans un opuscule sur la vie et les ouvrages d'Allegri, publié à Finale, en 1781; les *Notices sur les professeurs de Modène*, par Tiraboschi, et le P. Affo, qui passe pour l'historien le plus exact, et que ceux que je viens de nommer ont pris pour guide.

CONDITION DU CORRÉGE. — Tous ces écrivains, et, avant eux, Scanelli et Orlandi, se sont plaints de Vasari[2] pour avoir trop ravalé la naissance du Corrége: cependant, ce peintre naquit dans une ville célèbre, d'une famille honnête, et assez riche pour avoir pu lui donner, dès l'enfance, une éducation propre à favoriser le progrès de ses talents. Ils ont accusé cet auteur d'avoir eu au moins une excessive crédulité, quand il dépeint le Corrége comme un homme triste, chagrin, écrasé sous le poids d'une nombreuse famille, dont le talent fut méconnu, et dont les travaux furent mal récompensés; quand on sait, au contraire, qu'il fut considéré des grands, que ses ouvrages furent généralement bien payés, et qu'il laissa à sa famille un riche héritage. Dans les exagérations de Vasari on reconnaît cependant un fond de vérité; car, en comparant les travaux du Corrége et les bénéfices qu'il en retirait, avec ceux de Raphaël, de Michel-Ange, du Titien et de Vasari lui-même, on ne s'étonnera point que le sort de notre artiste ait excité la compassion de cet historien. Annibal Carache témoigna non-seulement le même sentiment,

---

(1) Traduit de la *Storia pittorica della Italia* de Lanzi, tom. II, 1re partie, par C. H. Landon fils, architecte, ex-pensionnaire du roi à l'Académie de France à Rome.

(2) Il dit, au commencement de son article: *Le Corrége était d'un caractère timide, et sa santé était affaiblie par un travail continuel; il exerça son art pour soutenir sa nombreuse famille.* Et vers la fin: *Et, comme il était accablé par le poids de sa famille* (il avait quatre enfants), *il ne désirait rien tant que de faire de continuelles épargnes: aussi, était-il devenu si misérable, qu'on ne pouvait l'être davantage.* Et ailleurs encore, *qu'il n'estimait point assez ses propres ouvrages, et qu'il se contentait du prix qu'il en recevait, quelque modique qu'il fût.*

mais il le plaignit plus que tout autre peintre(1). Dans la phrase de Vasari, que *le Corrége était devenu si misérable, qu'il ne pouvait l'être davantage,* l'expression de *misérable* ne doit point être prise dans le sens de *malheureux*, mais dans celui d'*économe*, d'*avare*, et d'*homme qui se refuse certaines commodités de la vie pour dépenser le moins possible.* Vasari raconte à ce sujet (quelques-uns prétendent que ceci est une fable), qu'ayant un voyage à faire dans les chaleurs de l'été, le Corrége alla à cheval au lieu d'aller en voiture, et que, par suite de cette imprudence, il mourut peu de temps après. C'est à tort qu'on oppose, comme on l'a fait, à cette marque d'économie sordide, dont les hommes même les plus riches ne sont pas exempts, la quantité de biens et de propriétés de la famille Allegri, car on y a mis trop d'exagération. Attendons que le docteur Antonioli nous apprenne avec plus de précision l'état de la fortune que laissa le Corrége en mourant, mais n'espérons pas qu'il nous dise que cette fortune était au-dessus de la médiocrité. On sait positivement que le Corrége reçut de fortes sommes pour ses ouvrages. D'abord, pour la grande nef et la coupole de Saint-Jean de Parme, on lui donna 472 ducats d'or ou sequins de Venise; puis, pour la coupole de la cathédrale, il toucha 350 ducats : sommes assurément fort considérables. Mais, depuis 1520 jusqu'en 1530, continuellement occupé aux esquisses et aux préparatifs de si immenses travaux, il ne put faire que des choses qui lui valurent fort peu. Le célèbre tableau de *la Nuit* lui fut payé 40 ducats d'or. Son *Saint Jérôme,* auquel il travailla pendant six mois, lui procura, outre sa nourriture, 47 ducats d'or. A proportion de ces ouvrages, on pourra calculer le temps qu'il employait à faire d'autres tableaux de moindre grandeur, et le prix qu'il en recevait. Il en fit deux pour le duc de Mantoue; mais ce sont les seuls qu'il fit pour un souverain. Il n'est pas présumable, d'après cela, qu'en défalquant ses dépenses pour les couleurs, les modèles, les aides qu'il employait, et la subsistance de sa maison, il ait pu amasser assez d'argent pour laisser sa famille riche.

Quant à moi, tout en admettant pour véritable la pauvreté dans laquelle on suppose que cet artiste a vécu, il me semble que cette même pauvreté serait plus honorable que honteuse; car, malgré son peu de moyens pécuniaires, le Corrége peignit avec un luxe qui n'a point d'exemple. Tous ses tableaux sont ou sur cuivre, ou sur bois, ou sur des toiles choisies; il y a prodigué l'outremer, la laque, les beaux verts; il faisait de forts empâtements et des retouches continuelles, n'abandonnant jamais un ouvrage qu'il n'y eût mis la dernière main : en un mot, il n'épargna dans ses travaux ni la dépense, ni le temps. Une pareille magnificence, qui ferait honneur à un amateur opulent peignant pour son plaisir, mérite les plus grands éloges lorsqu'elle se rencontre chez un artiste peu riche: il me semble qu'un tel désintéressement est digne d'un Spartiate. Je dis cela non-seule-

---

(1) *Je me désole, je pleure amèrement en moi-même, en pensant seulement à ce pauvre Antoine, et en voyant un si grand homme, ou plutôt un ange, qu'on devrait porter aux nues, se perdre dans un pays où il est ignoré, et prêt à périr misérablement.* Ceci se trouve dans une lettre écrite à Louis Carache, de Parme, en 1580. Mais Annibal Carache a exagéré; car les Bénédictins et les autres personnes de sens surent apprécier le mérite du Corrége.

ment pour répondre à Vasari, qui assure que l'économie du Corrége passait toutes les bornes, mais encore pour l'exemple des jeunes gens qui veulent entretenir des sentiments dignes d'une si noble profession.

ÉDUCATION DU CORRÉGE. — Il passe pour constant, dans la ville natale d'Antoine Allegri, qu'il reçut les premières leçons de peinture de Laurent, son oncle, et qu'ensuite, s'il faut ajouter foi à ce que dit Vedriani, il fréquenta à Modène l'école de François Bianchi, surnommé *il Frari*, mort en 1510. Il paraît qu'il y apprit aussi à modeler en terre, genre de talent alors fort en usage; qu'il travailla ensuite avec Begarelli, et l'aida dans le groupe de *la Pitié*, à Sainte-Marguerite : les trois plus belles figures de ce morceau sont généralement attribuées au Corrége. Je crois que ce ne fut pas ailleurs que dans cette ville, si célèbre par ses savants et ses artistes, qu'il posa les premiers fondements de ce faire admirable qui brille dans tous ses tableaux, où il se montre tout à la fois géomètre dans la perspective, architecte dans les fabriques, et poëte dans les compositions légères et gracieuses. Les historiens supposent, d'après le premier style de ses ouvrages, qu'il suivit à Mantoue l'école d'André Mantegna; mais la date précise de la mort d'André Mantegna, arrivée en 1506, détruit cette assertion. Il me paraît cependant vraisemblable que le Corrége avait formé sa première manière sur les peintures que ce maître avait exécutées à Mantoue; et voici les différentes conjectures que j'en tire. J'ai donné ailleurs la description détaillée du tableau de *la Victoire*, qui, parmi ceux de Mantegna, est le plus extraordinaire : on reconnaît plusieurs imitations de ce tableau dans les ouvrages du Corrége, et plus particulièrement dans *le Saint George* de Dresde. On est étonné du goût exquis qui brille toujours dans sa touche, dans le fini de ses productions, et jusque dans le choix de ses toiles; et l'on ne saurait pas où il a pu le puiser, s'il n'avait pris pour modèle André Mantegna, qui, comme je l'ai observé en son lieu, se fit le premier remarquer sous ces différents rapports, et n'eut point d'égal en ce genre. Si l'on considère en outre la grâce et la fraîcheur que le Corrége a mises dans ses compositions, en y introduisant cette harmonie de couleurs, cette étude savante des raccourcis, cette multitude d'enfants et d'objets tous agréables à la vue, on ne pourra s'empêcher de dire que sa nouvelle manière est la perfection de celle de Mantegna, comme les productions de Raphaël et du Titien sont la perfection de celles du Pérugin et de Jean Bellini.

SES PREMIERS OUVRAGES. — Relativement à l'étude qu'il fit sous André Mantegna, l'opinion la plus généralement reçue en Lombardie est que Vedriani s'est trompé sur le nom, en faisant André Mantegna maître du Corrége, au lieu de François Mantegna son fils, chez lequel on prétend qu'il travailla, soit en qualité d'élève, soit en l'aidant dans ses ouvrages. Cette école était déjà parvenue à un haut point de splendeur, et même, grâce à Melozio, s'était distinguée dans l'étude des raccourcis : elle n'avait plus qu'un pas à faire pour saisir la perfection du goût moderne; et cet intervalle devait être franchi par un peintre doué d'un aussi beau génie que le Corrége, comme l'avaient déjà fait, dans les différentes écoles d'Italie, plusieurs peintres célèbres de cette époque. On voit clairement que, jusque dans ses premières études, il cherchait un style plus large et plus moelleux que celui de Mantegna. Quelques personnes, entre autres l'abbé Bettinelli, indiquent plusieurs de ces morceaux, qui existent à Mantoue. M. Volta, secrétaire de l'Académie royale, m'a assuré que le nom du Corrége se trouve mentionné dans les registres de la fabrique de Saint-André. Quelques figures placées hors de l'église lui sont attribuées, et spécialement le tableau de *Notre-Dame*, qui est mieux conservé que les autres : c'est un ouvrage de sa jeunesse, mais qui ne se ressent déjà plus de la sécheresse de ceux du xve siècle(1). J'ai vu également à Mantoue, chez l'abbé Bettinelli, un petit tableau qui doit être gravé; il représente une *Sainte Famille*: à quelques duretés près dans les draperies, on y reconnaît un nouveau style. Une autre *Vierge* du Corrége, que l'on pense avoir été faite à cette époque, se trouve à Modène dans la galerie ducale, ainsi que d'autres tableaux qui sont dispersés dans différents lieux. Parmi ces derniers, on remarque un petit tableau représentant *le Christ au premier jour de sa passion, se séparant de sa mère*. Il était à Milan, et a été vu et reconnu pour original par l'abbé Bianconi(2). D'après le sentiment de Vasari, qui dit que le Corrége a fait un très-grand nombre d'ouvrages, il doit certainement exister beaucoup d'autres tableaux d'un mérite inférieur, disséminés çà et là; mais ils sont ou inconnus ou douteux.

Pourquoi donc, dans les catalogues publiés jusqu'à ce jour, ne voit-on cités qu'un très-petit nombre de ses tableaux, mais presque tous d'un mérite supérieur? Pourquoi tout ce qui ne surpasse pas le merveilleux paraît-il indigne du talent du Corrége, et lui est-il franchement refusé, ou seulement est-il révoqué en doute ou attribué à son école? Mengs lui-même, sans cesse à la recherche des moindres productions de cet artiste, mais très-réservé dans l'admission des ouvrages douteux, ne connaît qu'un seul tableau de la première manière de ce maître; c'est *le Saint Antoine* de la galerie de Dresde. Ce tableau, avec le *Saint François* et une *Notre-Dame*, peinte à Carpi, en 1512, furent faits par le Corrége à l'âge de dix-huit ans (3). Par la sécheresse qu'on remarque dans le premier, et le moelleux qui distingue les autres, Mengs présume que le Corrége avait abandonné tout à coup sa première manière pour la seconde, et il recherche la cause de ce changement. Il soupçonne donc avoir trouvé la vérité dans ce qu'avaient avancé, contre l'autorité de Vasari (4), Roger de Piles dans ses *Dissertations*, Resta et quelques autres, que le Corrége avait été à Rome, qu'il y avait étudié avec fruit le style antique, celui de Raphaël, de Michel-Ange et les peintures en raccourci de Melozio; qu'ensuite il était retourné en Lombardie avec un tout autre goût que celui qu'il avait avant d'aller à Rome.

SI LE CORRÉGE ALLA A ROME. — Mengs propose son avis avec beaucoup de réserve;

---

(1) Dans les mêmes archives, il existe un contrat par lequel François Mantegna s'oblige à peindre hors de l'église. On peut douter que *l'Ascension* placée sur la porte soit de sa composition, et que *la Vierge*, qui paraît être d'une autre main, soit de celle du Corrége. Souvent les maîtres, quand ils manquaient de temps pour finir leurs ouvrages, les faisaient achever par leurs élèves.

(2) Ce savant amateur, surtout en fait d'estampes, qui était très-habile à faire des portraits à la plume, est mort en 1802.

(3) Selon l'opinion de Tiraboschi : les raisons qu'il en donne paraissent bien fondées.

(4) Ortensio Landi avait écrit dans ses Observations que le Corrége *mourut jeune sans avoir vu Rome*. (Tiraboschi.)

non-seulement il permet au lecteur d'établir la discussion contraire, mais il lui insinue même les moyens de la soutenir, en s'exprimant ainsi : *Si le Corrége n'a pas étudié l'antique* (et l'on peut en dire autant de deux célèbres maîtres) *comme on peut l'étudier à Rome, il l'aura vu comme on peut le voir à Modène et à Parme. Pour un grand talent, il suffit d'apercevoir la moindre partie d'une chose pour se former une idée de ce que peut être le tout.* Il ne sera pas difficile à celui qui aura parcouru mon ouvrage, de trouver des exemples qui confirment ce qui vient d'être dit. Le Titien et le Tintoret firent plus avec le secours des plâtres moulés sur l'antique, que d'autres qui dessinèrent d'après les statues. Le Baroche, ayant vu seulement quelques têtes du Corrége, s'est rendu célèbre dans cette partie; et, s'il est permis d'emprunter des sciences un exemple de ce que peut un grand génie, nous dirons que Galilée, après avoir vu l'oscillation d'une lampe dans une église de Pise, trouva les lois du mouvement et les principes de la philosophie moderne. Ce génie, *admiré comme une chose divine* dans les derniers temps que vivait Vasari, conçut, en observant les mouvements les plus légers, l'idée d'une méthode nouvelle. Ce ne fut point un faible secours, mais une très-forte impulsion, que le Corrége reçut des ouvrages les plus parfaits de Mantegna. Les recueils d'objets antiques qu'il vit à Mantoue et à Parme; la fréquentation des ateliers des Mantegna et de Begarelli, si riches en plâtres et en dessins; la connaissance d'artistes qui avaient vu Rome, tels que Munari et Jules Romain lui-même; et enfin les progrès du siècle, où un meilleur style tendait généralement à adopter des contours plus pleins, plus moelleux et plus vaporeux; tous ces secours aidèrent puissamment le Corrége à franchir le pas qui lui restait à faire, et il en fut surtout redevable à la grandeur de son génie, qui le conduisait à envisager la nature du même œil dont l'avaient vue les anciens Grecs et les plus célèbres maîtres modernes. Des grands hommes ont souvent, sans le savoir, battu les mêmes routes; et, comme dit Cicéron, *quádam ingenii divinitate in eadem vestigia incurrerunt.* Je m'arrête maintenant sur cette question, que je reprendrai bientôt. Il s'agit d'examiner ici si le Corrége passa tout d'un coup à sa nouvelle manière, ou s'il ne le fit que par degrés.

SES PROGRÈS VERS UN MEILLEUR STYLE. — J'aurais désiré que Mengs eût vu quelques peintures à fresque, détruites maintenant, que l'on dit avoir été faites par notre peintre dans sa jeunesse pour la marquise de Gambara de Correggio ; il aurait pu, en les examinant, nous donner quelques lumières : si de plus il eût vu les deux tableaux qui ont été retrouvés il y a peu d'années, il aurait aperçu la distance qui existe entre le *Saint Antoine* et le *Saint George* de Dresde. Tiraboschi doute que le premier soit l'ouvrage du Corrége, faute de documents authentiques qui le prouvent.

Il faudrait, selon moi, de fortes raisons, ou l'autorité d'habiles professeurs, pour prouver qu'il n'est pas sorti du pinceau de ce maître. Il était autrefois à l'oratoire de la Miséricorde, et, dans plusieurs maisons de Correggio, il s'en trouve d'anciennes copies. C'est un très-beau paysage, dans lequel se trouvent représentés saint Pierre, sainte Marguerite, la Madeleine et un autre personnage que je crois être saint Raymond. Le *Saint Pierre* a quelque ressemblance avec celui que fit Mantegna dans l'*Ascension* de Saint-André, et les arbres et le terrain se rapprochent singulièrement du faire de ce maître. Ce tableau, noirci par la fumée des cierges, ou, comme quelques-uns le soupçonnent, par une couche de vernis mise exprès pour lui ôter son prix, et l'empêcher d'être enlevé, fut depuis regardé comme inutile sur l'autel où il était, et l'on y substitua une copie où la dernière figure est changée en une sainte Ursule. L'original fut ensuite acquis par M. Antoine Armanno, un des plus grands connaisseurs en estampes qui existent actuellement, et aussi habile à estimer les ouvrages des premiers maîtres qu'à les réparer. Par un travail et un soin opiniâtres, il parvint, dans l'espace d'une année, à enlever l'espèce de voile qui le couvrait; il est sorti si beau de ses mains, que les étrangers accourent en foule pour l'admirer. On dit qu'il y a plus de moelleux dans ce tableau que dans le *Saint André* de Dresde; et il est cependant encore bien loin de valoir le *Saint George* et d'autres productions semblables.

A peu près vers la même époque, Allegri peignit à Correggio, pour l'église du Conventicule, une *ancona*, c'est-à-dire une espèce de petit autel en bois, orné de trois peintures. Il paraît que les deux tableaux dont je viens de parler lui auraient valu cette commande, parce que, d'après l'inscription, il pouvait avoir vingt ans : néanmoins, on lui accorda, comme on l'eût fait à l'égard d'un artiste consommé, 100 ducats d'or, ce qui équivaut, pour ainsi dire, à 100 sequins. Il y représenta d'un côté saint Barthélemi, de l'autre saint Jean(1), et dans le milieu un *Repos en Égypte*, où il a introduit un saint François. Le duc de Modène, François 1er, était si enthousiasmé de ce petit tableau, qu'il envoya Boulanger sous prétexte d'en faire une copie. Ce peintre s'appropria l'original, en y substituant adroitement la copie; supercherie que le duc de Modène répara bientôt, en faisant don au couvent de quelques terres. On croit que ce tableau fut envoyé dans la suite à la famille des Médicis, qui donna en échange aux ducs d'Est *le Sacrifice d'Abraham* d'André del Sarto. Ce qui est constant, c'est qu'à la fin du dernier siècle on voyait encore dans la galerie royale de Florence ce *Repos en Égypte*, que Barri, dans son *Voyage pittoresque*, regarde comme original; mais dans la suite, comme il était moins parfait que les plus beaux ouvrages du Corrége, il fut par cela même moins estimé; bien plus, on l'attribua tantôt à Baroche, tantôt à Vanni. M. Armanno, qui se rappelait en avoir vu la copie à Correggio, découvrit ce trésor. Son mérite comme original fut d'abord contesté : on s'appuyait spécialement sur ce qu'Allegri l'avait peint sur bois, et que le tableau des Médicis était sur toile; et certes, si l'original eût été sur bois, comment le peintre aurait-il pu tromper aussi grossièrement les religieux, en leur remettant une peinture sur toile? La vraisemblance s'accroît encore, lorsqu'on réfléchit qu'aucune galerie n'eut jamais un *Repos en Égypte* qui pût faire douter que celle de Florence possédât l'original, comme il est arrivé, et comme il arrive encore chaque jour à l'occasion de quelques tableaux dont

---

(1) Ces deux saints avaient déjà été enlevés (Tiraboschi, page 253), et à Saint-François il n'en reste point de copie. Celle de Boulanger est dans le couvent. On voit qu'elle a été faite à la hâte et sur une mauvaise impression, de sorte qu'elle n'est ni très-fidèle, ni très-bien conservée. Néanmoins, elle a beaucoup de prix pour l'histoire du Corrége et de ses différentes manières; et, de plus, elle donne la preuve que, si l'autel était de bois, les peintures étaient amovibles et sur toile.

diverses copies se trouvent en plusieurs endroits différents. D'ailleurs, la touche du maître, les restes d'un vernis constamment employé par l'artiste, les tons de couleur confrontés avec ceux des tableaux de Parme, toutes choses reconnues appartenir au Corrége par la majorité des plus habiles connaisseurs en peinture, entre autres par Hamilton, dont le jugement est d'un grand poids pour beaucoup de gens, démontrent assez que ce tableau est original. Tous, cependant, s'accordent à dire que cet ouvrage est entre sa première et sa seconde manière; et si l'on compare ce *Repos* avec celui qui est à Parme au Saint-Sépulcre, appelé vulgairement *la Vierge à l'écuelle*, on trouvera entre l'un et l'autre la même distance qu'il y a entre le faire de Raphaël à Città-di-Castello et celui que l'on admire à Rome. Quelques professeurs, dont l'autorité est puissante, pensèrent dans cette discussion que le tableau des Médicis était, dans certaines parties, de la bonne manière du Corrége, mais que, dans d'autres, il n'en était pas de même.

Mengs fait encore mention de deux autres ouvrages qui peuvent entrer dans la même catégorie : le premier est un *Noli me tangere*, qui, de la maison Ercolani, passa à l'Escurial; le second, une *Vierge adorant l'Enfant Jésus*, que l'on voit dans la galerie de Florence. Ils sont tous deux d'un style qu'il ne rencontra jamais dans les plus célèbres comme dans les plus sublimes productions du Corrége. On peut joindre à ces deux morceaux le *Marsyas* du marquis Litta, à Milan, et nombre d'autres ouvrages insérés dans le catalogue si bien détaillé de Tiraboschi. En dernière analyse, il semble qu'il faille admettre une époque moyenne entre le temps où il étudiait encore, et celui où il s'est montré tout à fait maître. Aussi, je regarde comme certain ce que j'ai entendu dire autrefois, que le Corrége avait essayé de bien des manières avant de se fixer à celle qui le distingue si éminemment. C'est pour cette raison que ses productions ne paraissent pas être sorties du même pinceau, mais de celui de plusieurs artistes différents. Son génie avait une idée du beau qu'il avait prise en partie dans les autres peintres, et qu'il s'était en partie créée lui-même; idée qu'il ne put mûrir qu'avec le temps et avec un travail assidu, à l'exemple des physiciens, qui font mille expériences et tentent mille moyens avant d'arriver au résultat qu'ils cherchent.

Il est très-difficile de fixer l'époque de la nouvelle manière d'un peintre qui fait des progrès graduels, et qui, dans chacun de ses ouvrages, se surpasse toujours lui-même. J'ai vu autrefois à Rome un très-beau tableau d'une petite dimension, qui représente, sur le premier plan, *le jeune homme qui fuit en abandonnant son manteau*, et, sur le second, *le Christ au jardin des Olives*. L'original de ce tableau est en Angleterre; il y en a une copie à Milan chez le comte de Keweniller : celle de Rome avait, en caractères anciens, la date, indubitablement fausse, de 1505. Une date plus vraisemblable, celle de 1517, se lisait sur le tableau du *Mariage de sainte Catherine*, qui appartenait au comte de Bruhl, autrefois premier ministre du roi de Pologne; tableau entièrement conforme à celui du palais royal de Capo di Monte à Naples. Il est bien croyable qu'à cette époque, où le Corrége avait vingt-trois ans, il s'était déjà créé une nouvelle manière, puisqu'en 1518 ou 1519 il fit à Parme les peintures qui subsistent encore dans le couvent de Saint-Paul. Cet ouvrage, après bien des dissertations, a été récemment reconnu pour *une des inventions les plus spirituelles, les plus grandioses et les plus savantes, qu'ait jamais produites ce divin pinceau*. Le P. Affo, dans un opuscule qu'il a publié, et qui intéresse beaucoup l'histoire, en a parlé, en donnant la véritable époque de sa composition. Il fait voir comment le Corrége a pu imiter l'antique avec les seuls secours qu'il avait à Parme, et comment l'on peut répondre à la grande difficulté qui résulte du silence de Mengs, qui a vu cet ouvrage sans en faire mention. Il lève encore cet autre doute : Comment, dans une maison religieuse, Allegri put-il représenter *une Chasse de Diane*, avec tous ces amours qui l'accompagnent, et cette profusion de sujets profanes distribués dans les lunettes de la salle, tels que *les trois Grâces, les Parques, le Sacrifice des Vestales, Junon dépouillée de ses vêtements*, ainsi que la dépeint Homère dans le XVe livre de l'*Iliade*; enfin, beaucoup d'autres sujets semblables, encore moins dignes d'orner un cloître? La surprise cesse, quand on réfléchit que ce lieu fut l'habitation d'une abbesse dans un temps où l'on vivait à Saint-Paul sans clôture, où chaque abbesse était nommée à vie, avait droit de juridiction sur ses terres et ses domaines, était indépendante de l'évêque, et vivait presque séculièrement; abus qui, comme l'observe Muratori, était alors très-répandu. Ces peintures furent ordonnées par une certaine D. Jeanne de Plaisance, qui gouvernait alors le monastère, et sans doute dirigées, pour ce qui exige l'érudition dans les sujets et dans les devises, par George Anselmi, savant distingué, dont la fille était au nombre des religieuses de ce couvent. Qu'il me suffise maintenant d'avoir fait connaître la dissertation la plus concluante et la plus ingénieuse que j'aie jamais lue. Ces peintures seront peut-être gravées par le sieur Rosaspina, après celles de la coupole de Saint-Jean, pour seconder l'entreprise du savant abbé Mazza, et pour la gloire des beaux-arts autant que pour celle de son propre nom.

Coupoles du Corrége. — Ces travaux, si merveilleusement exécutés par le Corrége dans le couvent de Saint-Paul, lui firent une telle réputation auprès des religieux de Saint-Jean, qu'ils le choisirent pour peindre leur église : l'ouvrage fut commencé en 1520, et achevé en 1524, comme il est prouvé par les registres du couvent. Outre une quantité de choses peu importantes qu'il exécuta dans cette même église, il peignit aussi la tribune; elle fut depuis démolie pour agrandir le chœur; mais la peinture qui représente *le Couronnement de la Vierge*, objet principal de cette fresque, fut conservée; elle se voit dans la bibliothèque royale de Parme : plusieurs têtes d'anges, provenant de la même fresque, sont au palais Rondanini, à Rome. La peinture qui décore la nouvelle tribune fut faite par l'Aretusi. Il y a de la main du Corrége, dans l'église de Saint-Jean, deux tableaux placés dans une chapelle vis-à-vis l'un de l'autre : l'un est une *Descente de croix*; l'autre *le Martyre de sainte Placide* : ils sont peints sur une toile damassée, comme quelques tableaux de Mantegna. En dehors d'une autre chapelle est un *Saint-Jean évangéliste*, figure du style le plus sublime. On admire enfin la grande coupole, où l'on voit *l'Ascension de Jésus-Christ vers son père* : les apôtres sont ravis en extase, et témoignent une vénération profonde. La dimension et le raccourci des figures, les nus, les draperies, enfin, l'accord de toutes les parties, concourent à faire de ce chef-d'œuvre un miracle de l'art. A cette époque, *le Jugement dernier* de Michel-Ange n'ornait point encore le Vatican.

Malgré le merveilleux de cette production, elle doit le céder à un autre ouvrage dont il n'appartenait qu'au Corrége de porter l'exécution à un degré supérieur; c'est *l'Assomption de la Vierge*, qui décore le dôme de Parme : elle fut terminée en 1530. Ce morceau est beaucoup plus considérable que l'autre; les apôtres, pareillement placés au-dessous, et saisis d'une pieuse admiration, sont autrement disposés que les premiers. On aperçoit dans la partie supérieure un peuple immense de bienheureux, groupés dans un ordre admirable, et une multitude d'anges, tant grands que petits, dans des attitudes pleines d'action : les uns soutiennent la Vierge et l'aident à s'élever; les autres dansent et jouent des instruments : ceux-ci égayent le triomple de la mère du Sauveur par leurs applaudissements et leurs cantiques; ceux-là, enfin, tiennent des flambeaux et brûlent des parfums. Il brille dans toutes les physionomies une beauté si parfaite, un air si vrai de joie et d'allégresse, une lumière si pure et si heureusement distribuée, que, malgré les dommages qu'a soufferts cette peinture, elle enchante le spectateur, et le transporte dans les régions célestes. Ces grands ouvrages (comme on le dit aussi des *chambres* de Raphaël) contribuèrent beaucoup à agrandir la manière du Corrége, et le mirent au premier rang des artistes qui s'adonnent à l'art si difficile de peindre à fresque. Ce qui ajoute singulièrement au mérite de cet ouvrage, c'est la hardiesse et la sûreté du pinceau : en le considérant de près, on voit que les parties, qui de loin paraissent si belles, ne sont indiquées qu'avec quelques traits, et que l'artiste s'est fait un jeu de la couleur et de l'harmonie, qui forment, avec tant d'éléments divers, un ensemble accompli. Le Corrége mourut quatre ans après avoir peint cette coupole; il ne commença donc jamais la peinture de la tribune, travail dont il s'était chargé, et pour lequel il avait reçu une partie du payement, qui fut restituée à la fabrique par ses héritiers. On présume que les chefs des constructions le dégoûtèrent de cette entreprise; car le Sojaro, invité à peindre à la *Madonna della Steccata*, fit des difficultés, et prit d'avance ses mesures, *ne voulant pas*, disait-il, *être à la merci de tant de têtes écervelées. Sachez*, écrivait-il à un ami, *ce qui fut dit au Corrége pendant qu'il peignait au dôme*. C'était, sans doute, quelque parole grossière, capable de l'humilier et de le décourager. Peut-être le Sojaro voulait-il rappeler par là ce que dit un jour au Corrége un simple ouvrier, en critiquant la petitesse des figures : *Vous nous avez fait un ragoût de grenouilles;* expression ridicule, dont ce grand peintre aurait dû se consoler facilement : car la ville de Parme ne fut point de l'avis de l'ouvrier.

PORTRAITS DU CORRÉGE. — Il mourut donc quatre ans après dans sa patrie, et, comme je viens de le dire, sans avoir achevé la décoration entière du dôme, et sans laisser de lui aucun portrait qui ne soit sujet à discussion. L'éditeur de Vasari, à Rome, en donne bien un, mais c'est celui d'un homme vieux et chauve; et ce portrait ne convient point au Corrége, qui mourut à quarante ans : il est tiré d'une collection de dessins du P. Resta, qu'il intitula *Galleria portatile*. Tiraboschi et le P. della Valle en parlent comme d'une chose perdue : ce recueil est cependant à la bibliothèque Ambroisienne, à Milan, et parmi ces dessins il en existe un que Resta, dans les notes qu'il y a jointes, appelle *la Famille du Corrége;* il dit que ce sont les portraits de ce peintre, de sa femme et de ses fils : en effet, on voit une femme et trois hommes sans souliers et vêtus misérablement. Il y a dans ce dessin plusieurs erreurs évidentes; la plus manifeste est la composition de la famille :

le Corrége eut un garçon et trois filles, dont deux moururent, à ce qu'on suppose, dans un âge tendre. Le portrait qui est à Turin dans la vigne de la Reine, gravé par Valperga, artiste habile, a une épigraphe en partie cachée par le cadre; mais j'ai pu lire *Antonius Corrigius f.* (c'est-à-dire *fecit*) : premier indice, comme quelques-uns l'ont aussi pensé, pour ne point croire que ce soit le propre portrait du Corrége. Une autre raison se déduit de la manière dont est écrite l'épigraphe, en grandes lettres, et dans un espace qui occupe toute la largeur de la toile; manière souvent employée pour indiquer le sujet peint, mais non pas pour en indiquer l'auteur. On peut voir dans les *Mémoires* de Ratti un portrait qui de Gênes passa ensuite en Angleterre, et dont l'inscription placée derrière l'indique comme étant celui de M. Antoine de Correggio peint par Dosso Dossi. Je n'ai pas de motifs pour avancer que l'inscription ait été faite beaucoup d'années après, comme cela s'est pratiqué si souvent, et comme on le pratique encore de nos jours, en imitant, à s'y méprendre, les anciens caractères; je dis seulement que M. Antoine de Correggio est aussi le nom d'un fameux peintre en miniature qui parcourut l'Italie, et qui était contemporain de Dosso Dossi. Je ne parle du portrait du Corrége fait dans le dôme de Parme par Gambara que comme d'un conte vulgaire. Je conclus néanmoins par trouver que ce que dit Vasari a l'apparence de la vérité; savoir, que ce divin artiste ne pensait point à transmettre son image à la postérité, parce qu'il n'avait point de lui-même l'opinion qu'il aurait dû en avoir, et qu'à toutes ses autres qualités il joignait la plus rare modestie. Les mémoires écrits par Dati sur Zeuxis, Parrhasius et Apelle, ne nous montrent presque que des traits de vanité de la part de ces grands artistes.

ANALYSE DE SON STYLE. — Mengs a analysé la dernière, et par conséquent, la plus parfaite manière du Corrége, comme il l'a fait à l'égard du Titien et de Raphaël; et, dans ce triumvirat de la peinture, il l'a placé immédiatement après Raphaël, en observant que ce dernier rendit les affections de l'âme d'une manière plus exquise, mais qu'il était inférieur au Corrége pour les effets pittoresques. Dans cette partie de l'art, le Corrége est parvenu, à l'aide de la couleur et du clair-obscur, à introduire dans ses ouvrages un beau idéal qui surpasse le beau de la nature : il étonne au premier abord les spectateurs les plus savants: il leur fait oublier ce qu'ils ont vu de plus merveilleux. Le *Saint Jérôme*, qui est actuellement à l'académie de Parme, a été honoré de pareils éloges. On raconte que l'Algarotti fut, en le voyant, sur le point de le préférer aux tableaux les plus parfaits, en disant en lui-même au Corrége : *Toi seul me plais*. Annibal Carache, à la vue de cette production et de beaucoup d'autres du même pinceau, assure, dans une lettre à Louis Carache, son frère, qu'il ne les changerait pas contre la *Sainte Cécile* de Raphaël, qui était alors à Bologne, et qui est encore à présent dans cette ville. Michel-Ange a élevé la peinture au suprême degré du grandiose; Raphaël l'a portée au plus haut point de l'expression et de la grâce naturelle; le Titien lui a donné la vérité du coloris, et, suivant Mengs, le Corrége l'a rendue sublime par la réunion des perfections qu'il y a ajoutées : il joignait au grandiose et à la vérité cette élégance et, comme on dit, ce goût, qui a pour but unique de contenter l'œil et l'esprit du spectateur.

DESSIN DU CORRÉGE. — Il n'atteignit pas dans le dessin à cette profondeur de savoir qui distingue Michel-Ange; mais le sien était si grand et de si bon goût, que les Caraches même le prirent pour modèle. Je sais que l'Algarotti trouve qu'il manque quelquefois d'exactitude dans ses contours; mais je sais avec quelle chaleur Mengs le défend. Il n'y a pas dans son dessin cette variété de lignes que l'on rencontre dans Raphaël et dans les statues antiques; il a fait tous ses efforts pour éviter les lignes droites et les angles, et il a fait usage de lignes ondoyantes, tantôt convexes, tantôt concaves. C'est en grande partie à cette méthode qu'est attribuée la grâce qui le caractérise, à tel point que Mengs, incertain dans sa propre décision, le loue et l'excuse tour à tour. Il le loue particulièrement dans le dessin des draperies, où il mit plus de soin dans les masses que dans les plis : il fut le premier qui les fit entrer dans la pensée même de la composition comme objet de contraste ou d'harmonie; il ouvrit une nouvelle route pour les faire briller dans les plus grands sujets. On estime surtout ses têtes d'enfants et d'adolescents; elles ont un sourire si simple, si naturel, qu'il enchante, et qu'il excite le sourire (1). Chacune de ses figures a quelque chose de neuf par l'incroyable variété qu'il sait trouver dans le raccourci; il est rare qu'une tête vue en dessus ou en dessous, qu'une main, qu'une figure entière, ne se meuvent pas avec une grâce qui paraît sans égale. En faisant des figures vues de bas en haut, genre que Raphaël a évité, il a su vaincre certaines difficultés qui restaient encore après Mantegna; c'est par lui seul que cette partie de la perspective parvint à un si haut point de perfection.

Coloris. — Son coloris convient à ce choix et à cette grâce de dessin; coloris que Jules Romain assurait être le meilleur qu'il eût jamais vu. Aussi, ne témoigna-t-il pas de mécontentement lorsque le duc de Mantoue, voulant faire présent de plusieurs tableaux à Charles-Quint, lui préféra le Corrége. Lomazzo fait de lui un semblable éloge, quand il dit que, parmi les coloristes, il est plutôt unique en son genre qu'il n'est rare. Aucun peintre n'a été aussi recherché que le Corrége dans la préparation de ses toiles, qu'il faisait couvrir d'un léger enduit de plâtre, et sur lesquelles il peignait sans ménager ni la quantité, ni la qualité des couleurs. Il se rapproche du Giorgion pour l'empâtement des teintes, et du Titien pour le ton; mais, d'après le jugement de Mengs, il est encore plus habile que ce dernier pour leur dégradation. Il introduisit dans son coloris un tel brillant, ce qui ne se rencontre que rarement dans les autres, qu'on croit voir les objets comme répétés dans un miroir; et, au déclin du jour, lorsque les autres peintures perdent de leur vigueur, les siennes, pour ainsi dire, en acquièrent une nouvelle, et paraissent, comme le phosphore, vouloir percer le voile de la nuit. Si nous avons quelque idée de ce vernis tant vanté par Pline en parlant d'Apelle, nous la devons au Corrége. Il s'est trouvé des gens qui auraient désiré plus de délicatesse dans les tons de ses chairs, quoiqu'il faille avouer que, selon l'âge et les personnages, il les a variées à merveille, et qu'il a su leur donner une vie et un moelleux qui leur donnent l'apparence de la nature même.

Ombre et Lumière. — Mais c'est dans l'intelligence de la lumière et de l'ombre qu'il

---

(1) C'est une expression d'Annibal Carache. Ailleurs il dit : « J'aime cette candeur et cette pureté : elle est « bien plus que vraisemblable, elle est vraie; elle est naturelle, et produite sans artifice comme sans effort. »

urpasse tous les peintres connus. Comme la nature ne présente pas les objets avec la même force de lumière, mais qu'elle la varie suivant les superficies, les oppositions et les distances, le Corrége en a agi de même par une gradation qui croît et diminue insensiblement; chose si nécessaire dans la perspective aérienne, si belle et si admirable pour l'harmonie. Il employa le même procédé dans les ombres; et il sut si habilement représenter dans chacune le reflet de la couleur voisine, que, malgré les masses obscures, rien ne semble monotone; tout se trouve varié. C'est dans deux tableaux de la galerie de Dresde que brille éminemment ce mérite supérieur : l'un représente *la Nuit;* l'autre, *une Madeleine couchée dans une grotte* : ce dernier tableau est d'une petite dimension; mais il a coûté 27,000 écus. Dans le premier tableau, par la magie de son clair-obscur, non-seulement il a donné à ses figures une rondeur et un moelleux incomparables, mais encore il a déployé dans toute la composition un goût inconnu jusqu'alors, en disposant les masses d'ombre et de lumière avec un art qui n'offre rien que de naturel, et, en même temps, tout idéal pour le choix et l'effet. Il est parvenu à la perfection par le même moyen qu'avait employé Michel-Ange, je veux dire en faisant des modèles en cire et en terre, dont on a trouvé, dit-on, il y a peu d'années, quelques fragments dans la coupole de Parme. On ajoute, mais sans certitude, que, travaillant dans cette dernière ville, il employa à ses frais Begarelli, artiste alors en grande réputation, pour faire des figures en terre.

INVENTION, COMPOSITION ET EXPRESSION. — On loue dans le Corrége toutes les parties de l'art de peindre; mais on n'assigne pas à chacune un mérite égal. Il inventa bien, quoiqu'il lui soit arrivé quelquefois de manquer d'unité, en représentant le même sujet en plusieurs parties. Par exemple, dans la fable de *Marsyas,* qui est au palais Litta à Milan, la dispute d'Apollon et de Marsyas, Minerve livrant ce dernier au supplice, et le supplice même, sont figurés par des groupes séparés. Il me semble voir ce défaut répété dans la fable de *Léda,* tableau fait pour Charles-Quint; le cygne y est représenté deux fois, se familiarisant peu à peu avec Léda, et enfin, dans le troisième groupe, il est devenu son vainqueur. Quant à ses autres inventions, ce sont souvent des amours dans les sujets anacréontiques, et, dans les sujets sacrés, des anges et des chérubins représentant les actions les plus gracieuses. Ainsi, dans le tableau de *Saint George,* ils se jouent autour du casque et de l'épée du saint; dans le *Saint Jérôme,* un ange montre au Seigneur le livre de ce grand docteur de son Église, et un autre flaire le vase de parfums de la Madeleine. La magnifique coupole dont j'ai fait plusieurs fois l'éloge, met bien au jour la belle exécution des ouvrages du Corrége; c'est là que l'architecture paraît avoir été faite exprès pour la composition. Il recherche les oppositions, et dans les figures en général, et dans leurs diverses parties, mais non pas au point, comme d'autres l'ont fait, de choquer le goût et la vérité. Il posséda mieux que tout autre l'expression convenable aux sujets gracieux : *la Madeleine baisant les pieds de l'Enfant divin* a une physionomie et un mouvement qui réunissent toutes les beautés répandues çà et là dans les ouvrages des autres maîtres, et Mengs appuie longuement sur cet article. Cette figure mérite bien qu'on dise d'elle :

Omnibus una omnes surripuit veneres.
CATULL.

Dans *le Christ mort* de Parme, il a saisi à ravir les expressions de la douleur, qu'il a su varier suivant les sujets : elle est tendre dans la Madeleine, profonde dans la Vierge, et modérée dans l'autre femme. Si l'on n'a de lui que peu d'exemples d'un style fier et terrible, ce n'est pas qu'il ne pût y atteindre : dans *le Martyre de Sainte Placide*, il y a un bourreau si bien peint, que le Dominiquin lui-même l'a imité en entier dans son célèbre tableau de *Sainte Agnès*.

Costume et Érudition. — Le Corrége laisse beaucoup à désirer pour la vérité ou l'exactitude du costume, lorsqu'il a traité des sujets sacrés : en se conformant exactement, comme l'ont fait Raphaël et les peintres modernes, aux usages des anciens, il aurait pu l'améliorer de beaucoup dans ses sujets fabuleux. Dans le tableau de *Léda*, Junon est représentée sous les traits d'une femme âgée, qui, pleine de jalousie, considère avec dédain l'amour clandestin de Jupiter; on ne trouve rien d'antique, soit dans les traits de son visage, soit dans les attributs qui lui conviennent : aussi, dans les différentes descriptions que l'on a faites de ce tableau, a-t-on regardé cette figure comme oiseuse et inutile. Dans le tableau de *Marsyas*, ce personnage n'a rien qui caractérise un faune; la Minerve n'a ni égide, ni aucun des symboles qui la distinguent, et on ne retrouve point dans l'Apollon cet aspect et ce maintien sous lesquels on le représente aujourd'hui; bien plus, il tient dans ses mains un violon au lieu de la lyre. Tout ceci pourrait, s'il en était besoin, fournir une nouvelle preuve que le Corrége n'alla jamais à Rome : car les artistes, même médiocres, guidés par l'antique qu'on y rencontre à chaque pas, apprennent à éviter de telles erreurs. Cependant, ces fautes sont bien petites, et je dirai presque qu'elles sont favorables à la réputation du Corrége, si elles nous font voir toujours de plus en plus qu'il ne doit qu'à lui seul la gloire de son style sublime, et qu'il ne la partage qu'avec un très-petit nombre d'autres maîtres. Regardé sous ce point de vue, il y a en lui un je ne sais quoi de surnaturel; et, comme l'écrivait Annibal Carache, les talents du Parmesan et d'autres génies de la peinture s'évanouissent devant le sien. Les ouvrages de ce grand artiste deviennent plus rares de jour en jour, par la recherche qu'en font les étrangers et par le grand prix qu'ils en offrent. Il ne reste donc chez nous que des copies anciennes, et principalement de petits tableaux, tels que *le Mariage de sainte Catherine*, *la Madeleine couchée*, *la Fuite du jeune homme*, productions dont nous avons fait mention, et auxquelles il faut ajouter *l'Oraison du Christ dans le jardin des Olives*, qui est à l'Escurial, et un autre tableau que l'on voit à Dresde, appelé *la petite Bohémienne*. Parmi les copies anciennes on fait le plus grand cas de celles qui ont été faites par Schidone, Lelio de Novellara, Jérôme da Carpi, et celles des Caraches : exercés à copier le Corrége, ils approchèrent beaucoup des originaux, mais plutôt par le dessin que par la finesse et l'art du coloris.

École de Parme. — Tout en décrivant le style d'Antoine Allegri, j'ai fait connaître celui de son école : ce n'est pas qu'aucun de ses disciples l'ait égalé ou même en ait approché; mais presque tous ont suivi les mêmes maximes, quoique parfois quelques-uns y aient introduit d'autres manières. Le caractère dominant de l'école parmesane, appelée aussi école lombarde, est dans le raccourci, comme celui de l'école florentine se distingue par l'action des muscles; on trouve dans l'une de l'affectation et de l'outré dans le raccourci, comme on en trouve chez l'autre dans le nu : en tout il est difficile d'atteindre à une imitation juste. L'étude du clair-obscur et des draperies entre plus dans le caractère de l'école de Parme que celui des nus, étude dans laquelle on compte peu de vrais talents. Ses contours sont larges, ses têtes plutôt choisies dans la nature que faites d'idée; car le pays en produit qui ont cette rondeur de forme, ce coloris, cette physionomie et cette hilarité qui se voient dans le Corrége : c'est du moins le sentiment d'un professeur qui est resté longtemps à Parme. Il faut croire que le Corrége fit plus d'élèves que ne le rapporte Vasari. Plusieurs écrivains du dernier siècle y ont ajouté quelques noms, de manière cependant qu'on peut se permettre des doutes sur leur admission. Je ferai envers ce maître ce que les autres ont fait envers Raphaël, en rassemblant dans son école ceux qui l'avaient aidé, et d'autres encore qui, quoique élèves d'autres peintres, mais vivant près de lui, profitèrent de ses conseils et de son exemple.

POMPONIO ALLEGRI. — Je commencerai par son propre fils, Pomponio Allegri. A peine put-il recevoir de son père les premières notions de la peinture, que ce dernier mourut, et le laissa orphelin à l'âge de douze ans. Son aïeul en prit soin; mais ce vieillard mourut lui-même cinq ans après. Pomponio Allegri avait alors une fortune raisonnable et quelque talent. On ne sait si ce fut chez Rondani, élève assidu du Corrége, ou à l'école d'un autre, qu'il continua la peinture; il est de fait, cependant, qu'il eut du mérite, et qu'avec le secours des études de son père il se fit une certaine réputation à Parme, où il s'établit. Il peignit, pour la cathédrale de cette ville, le moment où les Israélites attendent Moïse, à qui Dieu va remettre les tables de la loi. Cet ouvrage, pris dans son ensemble, n'est point heureux; mais plusieurs parties méritent d'être louées : il y a quelques belles têtes, d'autres remplies d'esprit; le coloris surtout est vrai et brillant. On a dit que Pomponio Allegri quitta de bonne heure la peinture, vendit les biens qu'il avait à Correggio, et que, jeune encore, il mourut dans la pauvreté. Le P. Affo, avec les documents les plus authentiques, a démenti ces faits, avancés par plusieurs auteurs : Pomponio fut chargé, au contraire, de travaux honorables en peinture, et fut tellement estimé à Parme, que, du vivant même des élèves les plus distingués de l'école, il fut réputé le plus habile.

Après Pomponio Allegri, Lanzi cite au nombre des élèves du Corrége Francesco Cappelli, qui, dans la suite, s'étant établi à Bologne, n'y a cependant laissé aucun ouvrage qui soit connu; Giovanno Giarola, de Reggio, qui acquit une grande réputation; et Antonio Bernieri, compatriote du Corrége, et d'une famille noble. Ayant perdu son maître à dix-huit ans, il hérita, en quelque sorte, de son nom, et se faisait appeler Antonio da Correggio : cette dénomination a causé plusieurs méprises. Il s'appliqua à la miniature, et l'on ne cite de lui aucun tableau à l'huile. Il demeura longtemps à Venise, visita Rome, et mourut dans sa patrie. Daniello de Por, Maestro Torelli et Francesco-Maria Rondani, travaillèrent avec le Corrége, sur ses dessins, à l'église de Saint-Jean; Michel-Angiolo Anselmi, Bernardino Gatti, et Giorgio Gandini, ne furent pas moins attachés à la manière du Corrége et au genre de sujets qu'il avait traité. On montre même, dans plusieurs tableaux de Gandini, des retouches de la main du maître. Enfin, parmi les imitateurs du

Corrége, on cite principalement Francesco Mazzuoli, dit le *Parmesan* (ce peintre aura un article à part, auquel nous joindrons un choix de son œuvre); après lui, Girolamo Mazzuoli, son cousin; Alessandro Mazzuoli, fils de Girolamo; Jacopo Bertoja, Pomponio Amidano, Pier-Antonio Barnabei, Barilli, Martini et Giulio Mazzoni.

FIN DE LA NOTICE SUR LE CORRÉGE.

TABLE DES PLANCHES
DE L'OEUVRE
DU CORRÉGE.

SUJETS DE DÉVOTION.

Planche première. L'Adoration des Bergers, connue sous le titre de *la Nuit du Corrége*. Ce tableau, qu'on cite comme un des plus beaux de ce maître, fut fait pour Albert Pratonieri, en 1522. Cependant le Corrége n'y mit la dernière main qu'en 1527. Il fait maintenant partie de la galerie de Dresde.

Pl. 2. La Vierge en contemplation. Petit tableau peint sur toile, de la galerie de Florence.

Pl. 3. Le Repos en Égypte ou *la Vierge à l'écuelle*.

Pl. 4. Le Repos en Égypte. Il avait été peint pour l'église du Conventicule à Correggio.

Pl. 5. Le Repos en Égypte, connu sous le nom de *l'Égyptienne du Corrége*.

Pl. 6. La Vierge allaitant l'enfant Jésus.

Pl. 7. 1. La Vierge et l'enfant Jésus. On voit dans le lointain saint Joseph occupé de son travail. Il est connu sous le nom de *la Vierge au panier*. 2. La Vierge, l'enfant Jésus et le petit saint Jean.

Pl. 8. 1. La Vierge et l'enfant Jésus. 2. La Vierge, l'enfant Jésus et le petit saint Jean.

Pl. 9. 1. La Vierge et l'enfant Jésus. 2. La Vierge et l'enfant Jésus tenant un scapulaire.

Pl. 10. 1. La Vierge et l'enfant Jésus. 2. La Vierge et l'enfant Jésus.

Pl. 11. 1. La Vierge et l'enfant Jésus. 2. La Vierge et l'enfant Jésus.

Pl. 12. Le Christ au jardin des Olives. Tableau de l'Escurial; Mengs dit que le Corrége donna ce tableau à son apothicaire pour quatre écus qu'il lui devait.

Pl. 13. 1. Ecce Homo. 2. La Madeleine.

Pl. 14. La Descente de croix, connue sous le nom de *la Vierge de l'échelle*.

Pl. 15. Le Christ apparaît a la Madeleine.

Pl. 16. 1. L'Assomption de la Vierge. Étude du groupe exécuté, avec quelques différences, à la coupole de la cathédrale de Parme. 2. La Vierge délivrant des ames du Purgatoire.

Pl. 17. 1. La Madeleine dans le désert. Petit tableau de la galerie de Dresde, autrefois à Modène, et l'un des plus précieux qui soient sortis du pinceau du Corrége. 2. La Madeleine dans le désert.

Pl. 18. 1. Saint Jean dans le désert. 2. Saint François en extase.

Pl. 19. La Vierge sur son trône, accompagnée

DE SAINT JEAN ET DE SAINTE CATHERINE, SAINT FRANÇOIS ET SAINT ANTOINE DE PADOUE. Le Corrége peignit ce tableau à dix-huit ans.

Pl. 20. LE MARIAGE MYSTIQUE DE SAINTE CATHERINE.
Pl. 21. LE MARIAGE DE SAINTE CATHERINE.
Pl. 22. 1. LA VIERGE ENDORMIE, L'ENFANT JÉSUS ET DEUX ANGES. 2. LE MARIAGE DE SAINTE CATHERINE.
Pl. 23. 1. SAINTE CATHERINE. 2. SAINTE POTENTIANE. 3. SAINT SÉBASTIEN.
Pl. 24. SAINT GEORGE, SAINT JEAN-BAPTISTE, SAINT GÉMINIEN ET SAINT PIERRE MARTYR, DEVANT LE TRÔNE DE LA VIERGE.

Pl. 25. SAINT SÉBASTIEN, SAINT ROCH ET SAINT GÉMINIEN, RENDANT HOMMAGE A LA VIERGE. Ce chef-d'œuvre, placé dans la galerie de Dresde, était autrefois à Modène.
Pl. 26. MARTYRE DE SAINT PLACIDE ET DE SAINTE FLAVIE.
Pl. 27. SAINT JÉRÔME ET LA MADELEINE RENDANT HOMMAGE A LA VIERGE ET A L'ENFANT JÉSUS.
Pl. 28. SAINT UBALDE ET SAINTE CATHERINE RENDANT HOMMAGE A LA VIERGE.

COUPOLE DE L'ÉGLISE DES BÉNÉDICTINS DE SAINT-JEAN DE PARME, REPRÉSENTANT L'ASCENSION DE NOTRE-SEIGNEUR.

Pl. 29. DEUX APÔTRES.
Pl. 30. DEUX APÔTRES.
Pl. 31. DEUX APÔTRES.
Pl. 32. TROIS APÔTRES.
Pl. 33. UN APÔTRE.
Pl. 34. DEUX APÔTRES.
Pl. 35. NOTRE-SEIGNEUR MONTANT AU CIEL AU MILIEU D'UN CHOEUR D'ANGES.

Pl. 36. SAINT JEAN L'ÉVANGÉLISTE. Ce tableau et les trois suivants, où sont représentés les quatre docteurs évangélistes, avec les quatre docteurs de l'Église, sont peints dans les lunettes de la coupole.
Pl. 37. SAINT LUC, évangéliste.
Pl. 38. SAINT MARC, évangéliste.
Pl. 39. SAINT MATTHIEU, évangéliste.

COUPOLE DE LA CATHÉDRALE DE PARME.

Le sujet est l'Assomption de la Vierge. C'est le plus bel ouvrage qui ait été fait en ce genre avant et depuis le Corrége; mais cette coupole est maintenant si enfumée, qu'on a peine à en reconnaître le mérite.

Pl. 40. SAINT JEAN-BAPTISTE. Cette figure est peinte, ainsi que les trois suivantes, dans les quatre angles ou lunettes de la coupole; elles représentent les quatre saints patrons de la ville.
Pl. 41. SAINT HILAIRE.
Pl. 42. SAINT BERNARD.
Pl. 43. SAINT THOMAS.
Pl. 44. SAINT THOMAS. Même composition avec plusieurs différences.
Pl. 45. DEUX APÔTRES.

Pl. 46. UN APÔTRE.
Pl. 47. DEUX APÔTRES.
Pl. 48. DEUX APÔTRES.
Pl. 49. UN APÔTRE.
Pl. 50. UN APÔTRE.
Pl. 51. DEUX APÔTRES.
Pl. 52. Premier FRAGMENT de la partie supérieure de la coupole.
Pl. 53. Deuxième FRAGMENT.
Pl. 54. Troisième et dernier FRAGMENT.

SUJETS MYTHOLOGIQUES ET ALLÉGORIQUES.

Pl. 55. LÉDA. Le duc de Mantoue avait fait exécuter ce tableau et celui de *Danaé* (voyez pl. 57) pour en faire présent à Charles-Quint, à l'occasion du couronnement de ce prince en 1520. Ces deux tableaux restèrent au palais impérial de Prague jusqu'à la guerre de trente ans. Cette ville ayant été saccagée par les Suédois, Gustave-Adolphe les fit transporter à Stockholm, où ils restèrent longtemps dans l'oubli. On les retrouva, dit-on, servant de contrevents aux fenêtres d'une écurie. La reine Christine, qui les fit réparer, les emporta avec elle à Rome. Après la mort de cette princesse, les deux tableaux passèrent entre les mains de don Olivio Odescalchi. Ses héritiers les vendirent au duc d'Orléans, régent de France. Après la mort du régent, le duc d'Orléans, son fils, par un esprit de rigorisme, fit mutiler en sa présence le tableau de Léda, dont la tête fut enlevée. M. Pasquier, qui avait fait l'acquisition de ce chef-d'œuvre dans l'état où on l'avait mis, fit proposer à Carle Vanloo et à Boucher d'y rétablir une autre tête; ce que ces deux artistes refusèrent par modestie, craignant, sans doute, de se mettre en parallèle avec le Corrége. Un peintre nommé Deslyen, peu connu, fit enfin ce que Vanloo et Boucher n'avaient pas osé entreprendre; il eut le bonheur de réussir, et le tableau fut acheté par le roi de Prusse. Rentré en France par l'effet des conquêtes de 1806, il subit une nouvelle réparation, et la tête de Léda, n'ayant pas paru digne du reste du tableau, fut refaite par un de nos peintres les plus estimés, M. Prudhon. Mais, quelque soin qu'ait pris l'artiste moderne de se rapprocher du caractère du maître, il n'en a saisi ni le goût du dessin, ni le caractère, ni le coloris; et il est impossible de ne pas reconnaître dans cette nouvelle tête de Léda le type de toutes celles que l'on a vues dans les tableaux de M. Prudhon, artiste doué, sans contredit, d'un talent très-gracieux, mais dont le pinceau n'a pas secondé la louable intention dans une circonstance aussi délicate. Le tableau de Léda a été rendu en 1815.

Pl. 56. DIANE ET CALISTO.
Pl. 57. DANAÉ.
Pl. 58. L'ÉDUCATION DE L'AMOUR.
Pl. 59. L'HOMME EN PROIE AUX VOLUPTÉS.
Pl. 60. LA VERTU HÉROÏQUE. Pendant du tableau précédent.
Pl. 61. JUPITER ET ANTIOPE.
Pl. 62. 1. VÉNUS ET L'AMOUR. 2. VÉNUS DÉSARMANT L'AMOUR.
Pl. 63. 1. DIANE ENDORMIE. 2. JUPITER ET IO.
Pl. 64. 1. VÉNUS ET L'AMOUR. 2. PSYCHÉ ET CUPIDON.
Pl. 65. SCÈNE MAGIQUE.
Pl. 66. LA TOILETTE DE VÉNUS.
Pl. 67. LE JUGEMENT DE MIDAS.
Pl. 68. LE BARBIER DE MIDAS.
Pl. 69. MARSYAS ÉCORCHÉ PAR APOLLON.
Pl. 70. LES MULETS.

FIN DE LA TABLE DES PLANCHES DE L'OEUVRE DU CORRÉGE.

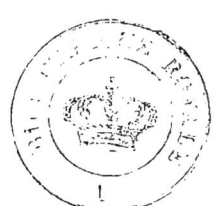

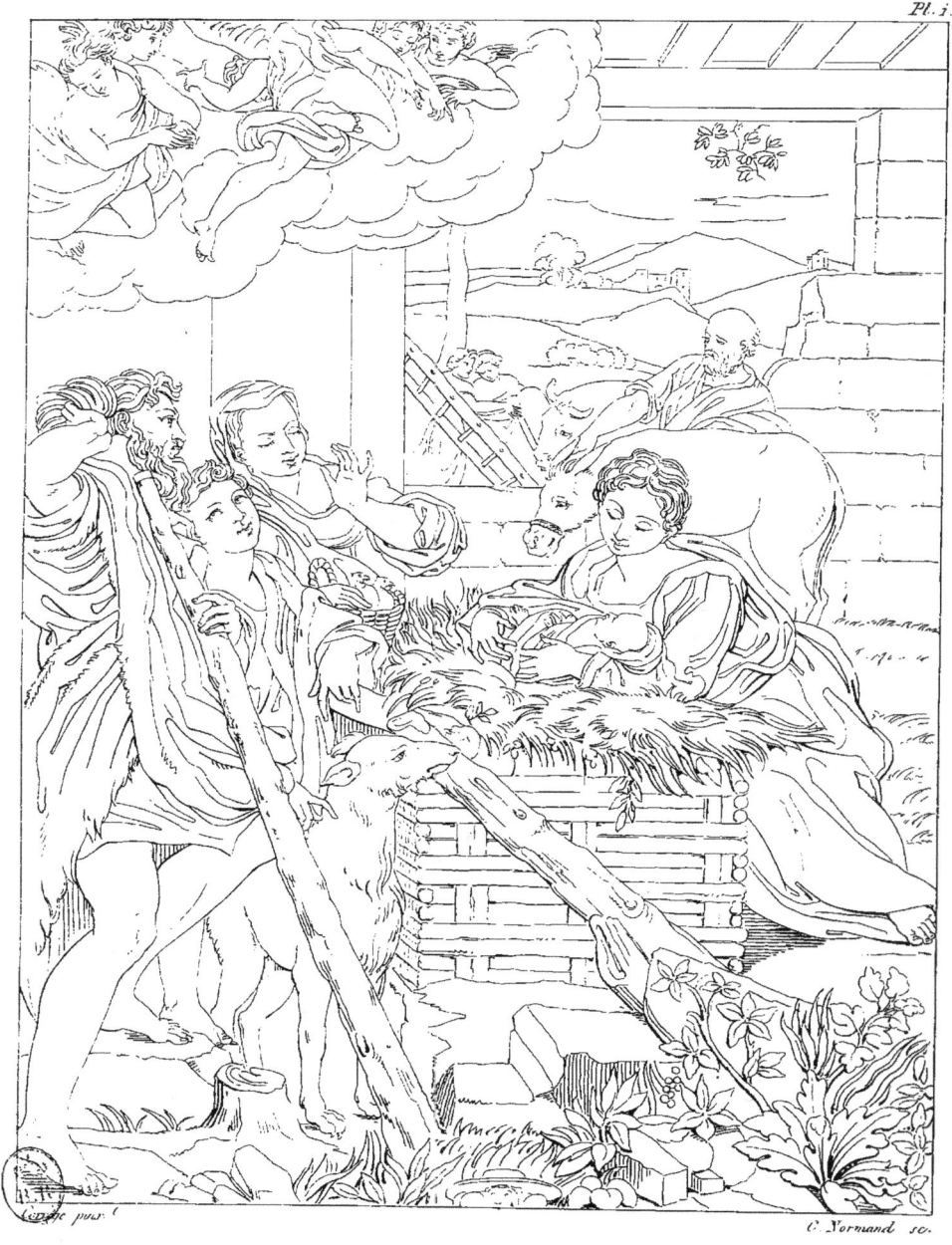

L'adoration des Bergers.

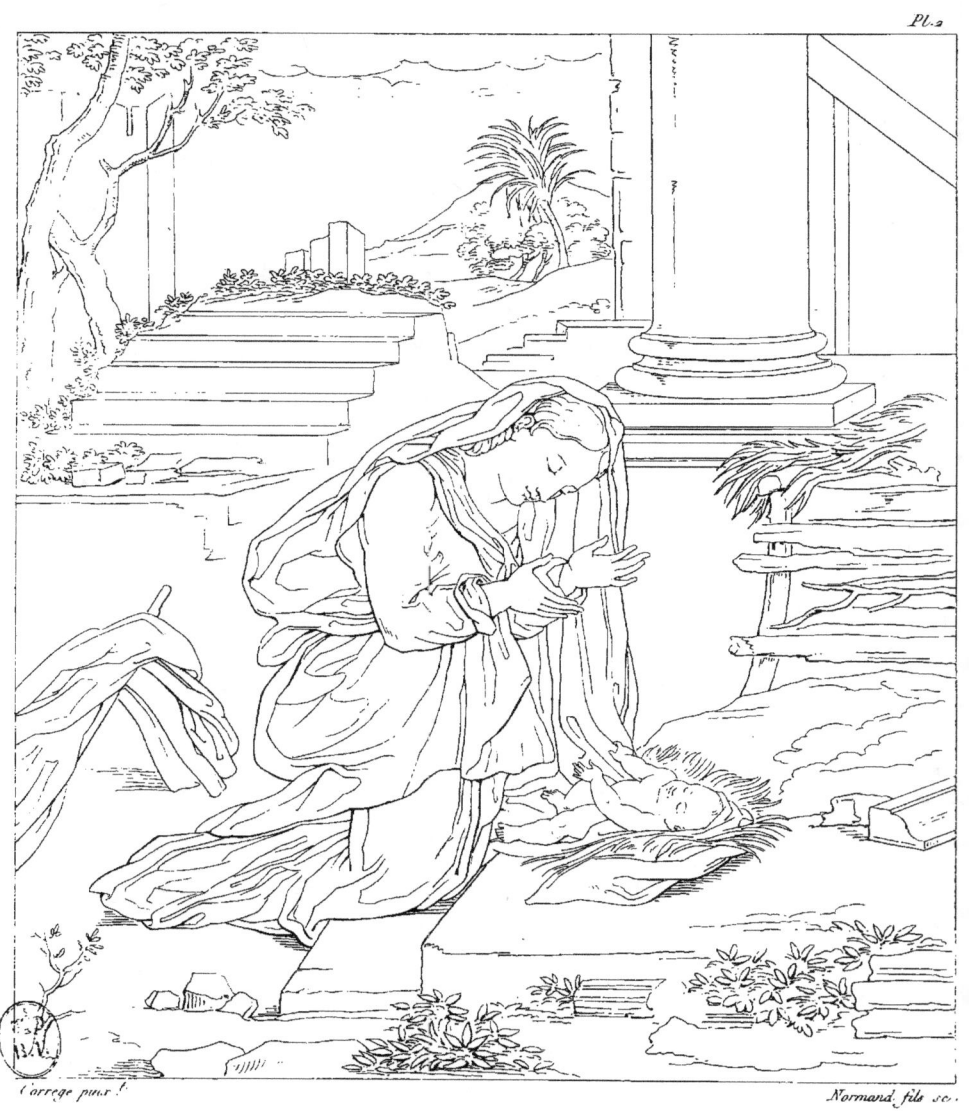

La Vierge en contemplation

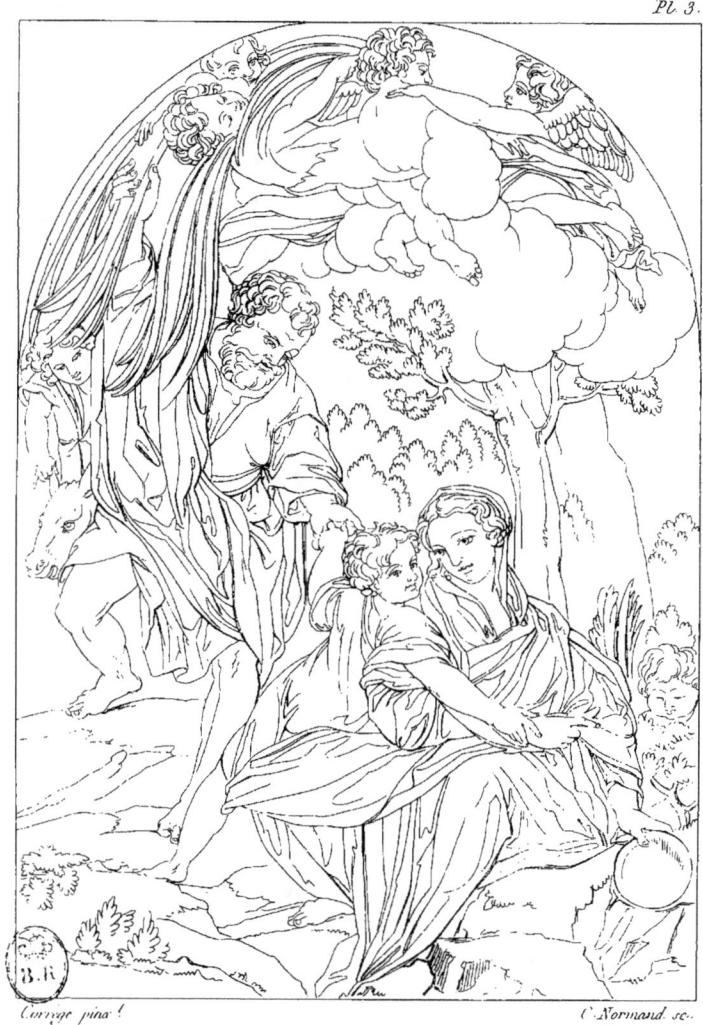

Le repos en Égypte

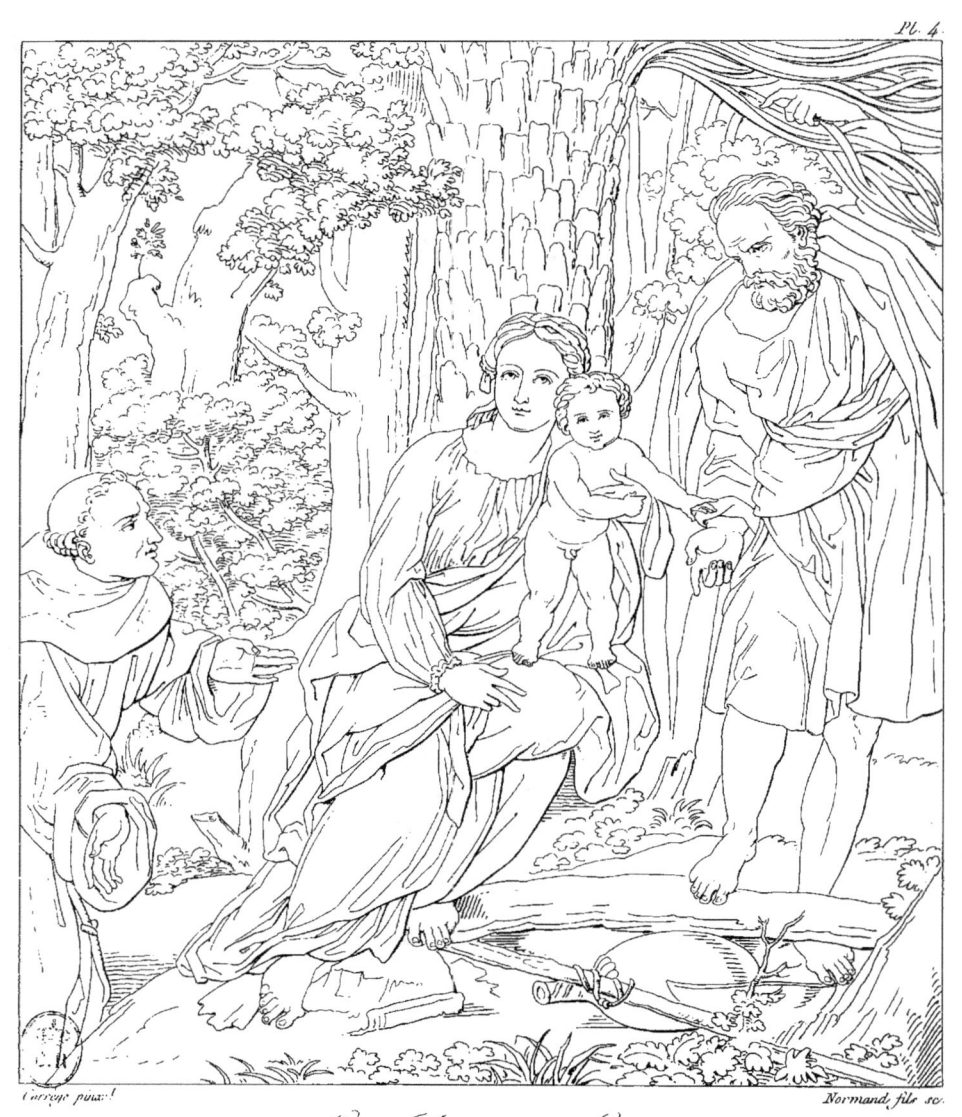

Le Repos en Egypte.

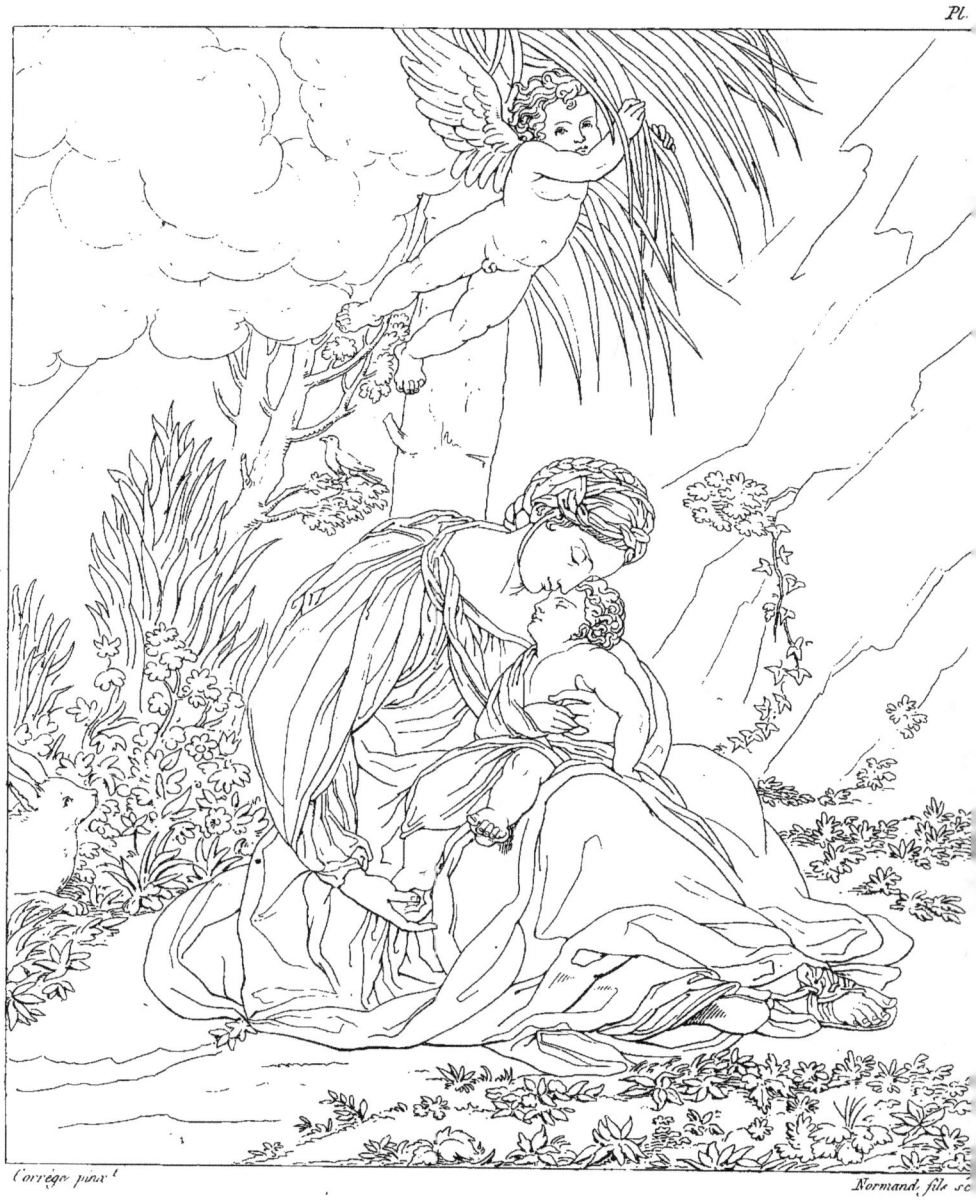

Corrège pinx.t Normand fils sc.

Le Repos en Egypte.

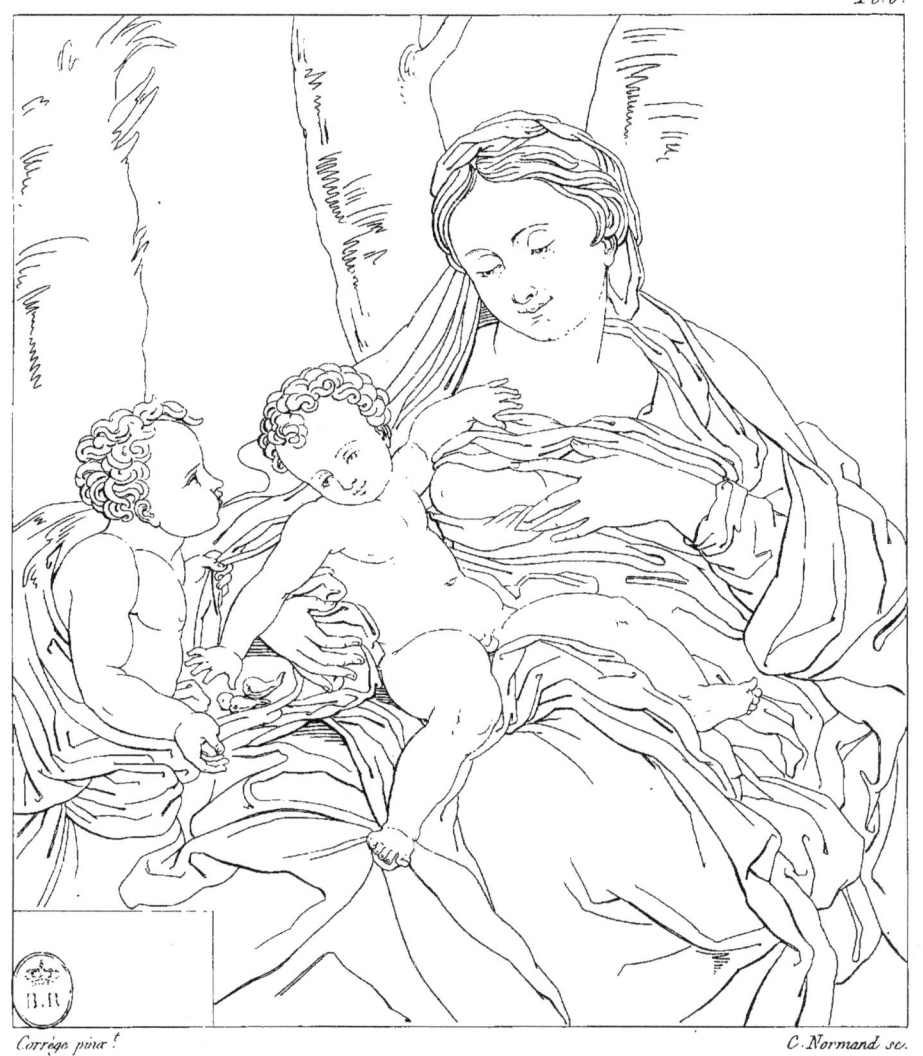

Corrège pinx.t   C. Normand sc.

La Vierge allaitant l'Enfant Jésus.

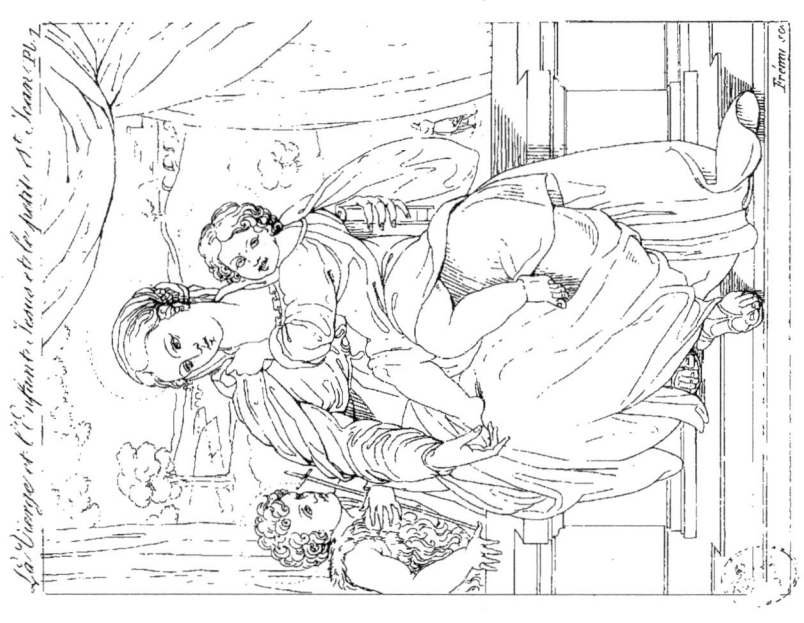

La Vierge et l'Enfant Jésus.
Corrège pinx.t

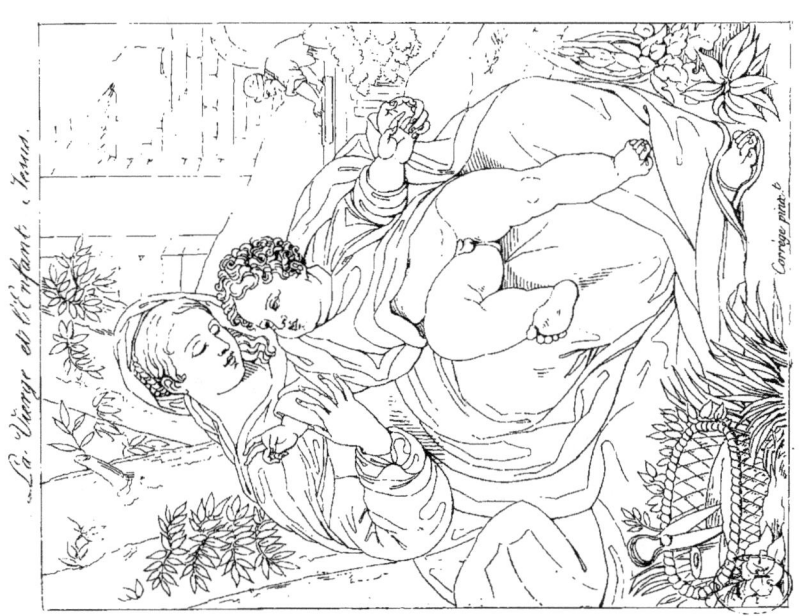

La Vierge et l'Enfant Jésus et le petit St. Jean. Pl. 2
Freem. sc.

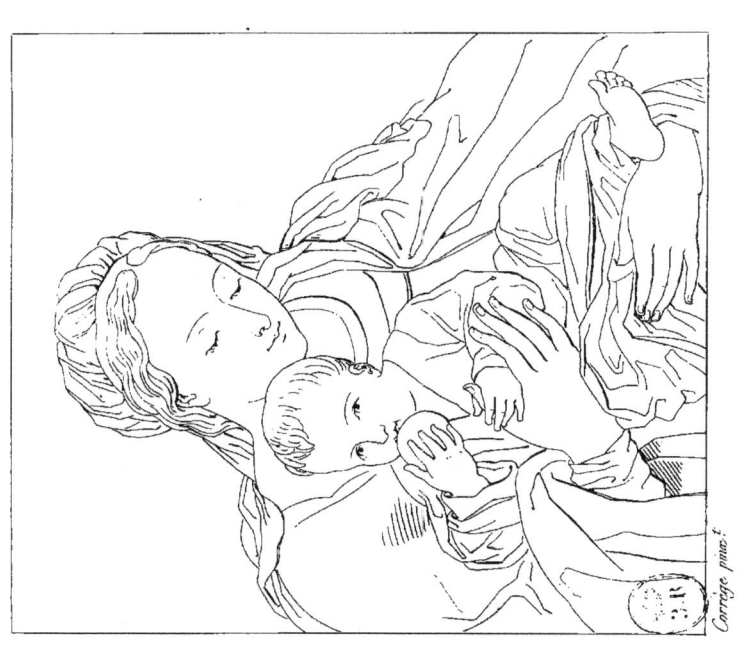

Corrège pinx.t — La Vierge et l'Enfant Jésus

Normand, fils sc. — La Vierge, l'Enfant Jésus et le petit S.t Jean.

Pl. 9.

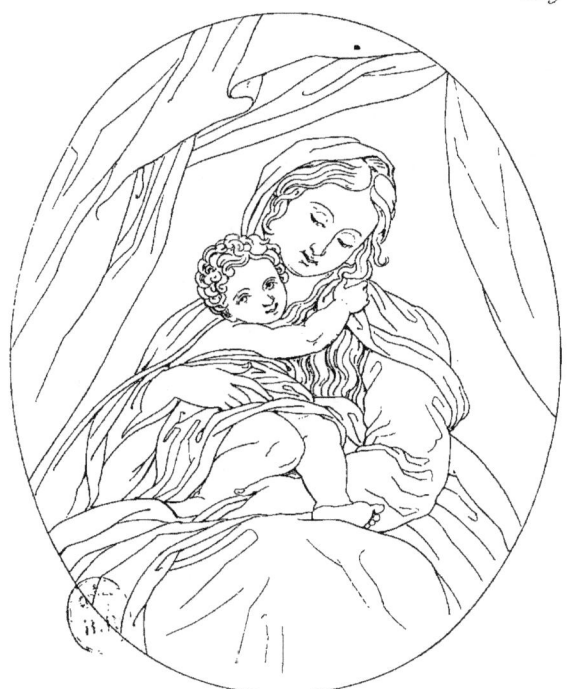

La Vierge et l'Enfant Jésus.

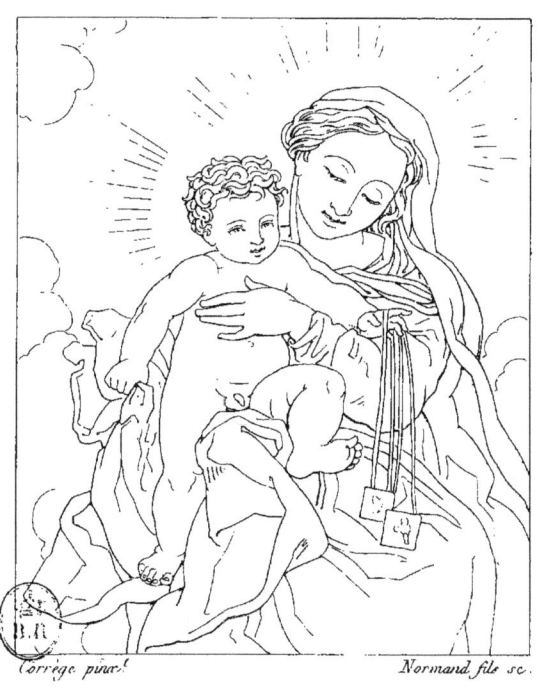

Corrège pinx.t   Normand fils sc.

La Vierge et l'Enfant Jésus.

Pl. 20.

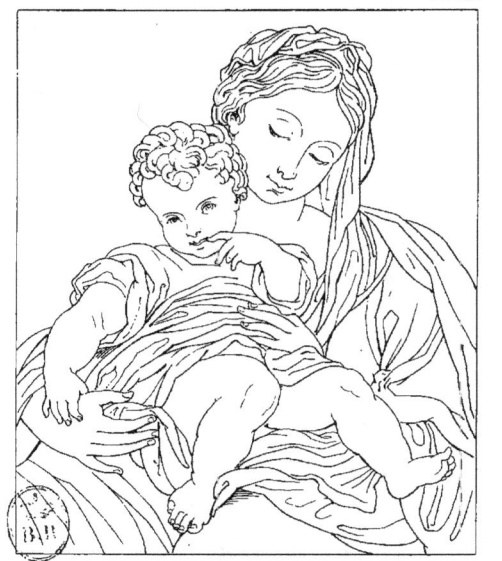

La Vierge et l'Enfant Jésus.

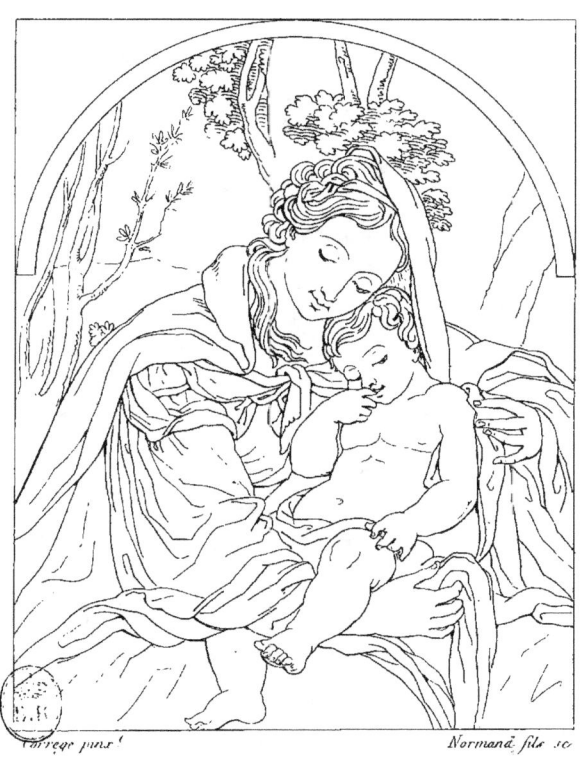

Corrège pinx.t   Normand fils sc.

La Vierge et l'Enfant Jésus.

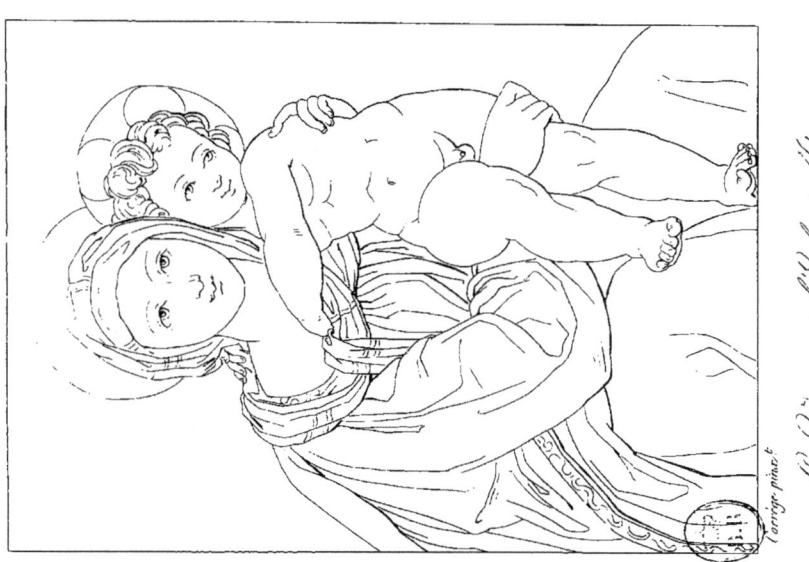

La Vierge et l'Enfant Jésus.

La Vierge et l'Enfant Jésus.

Le Christ au Jardin des Oliviers.

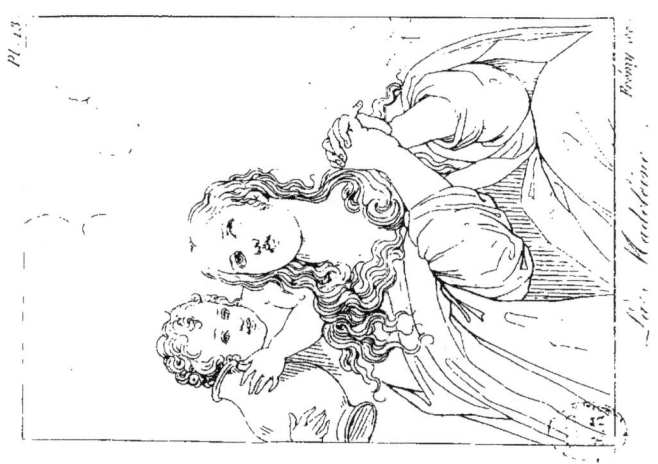

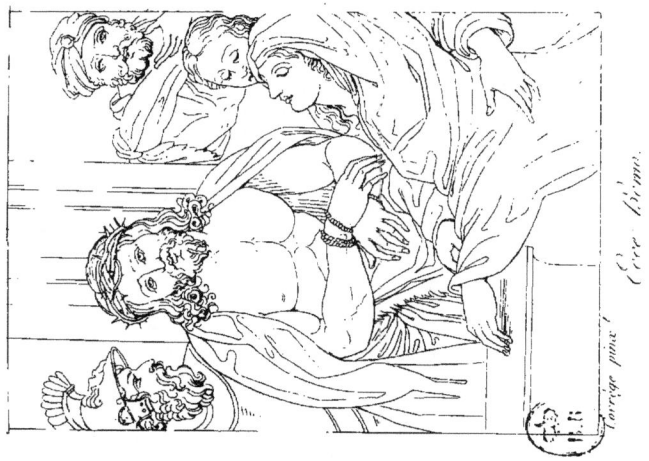

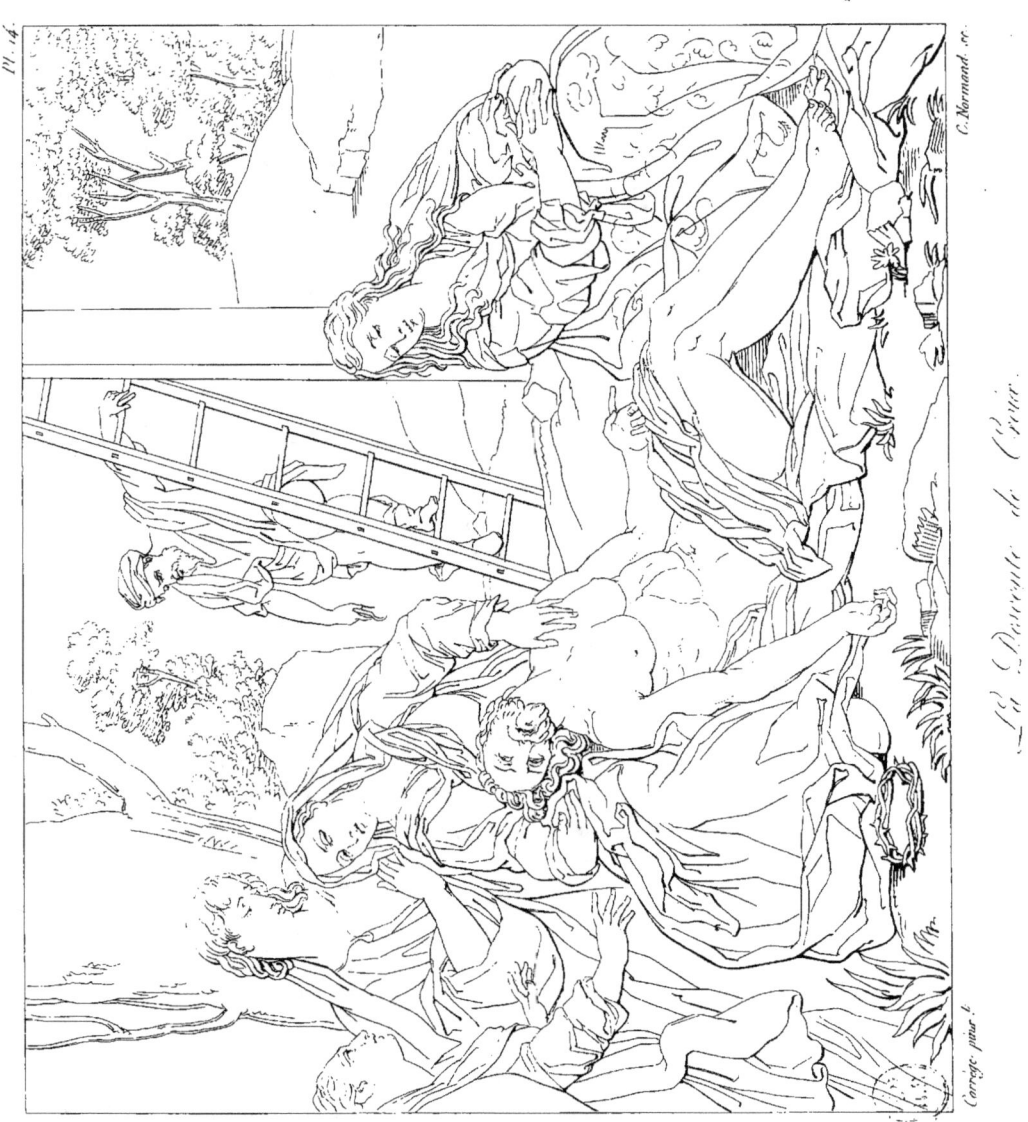

La Descente de Croix.

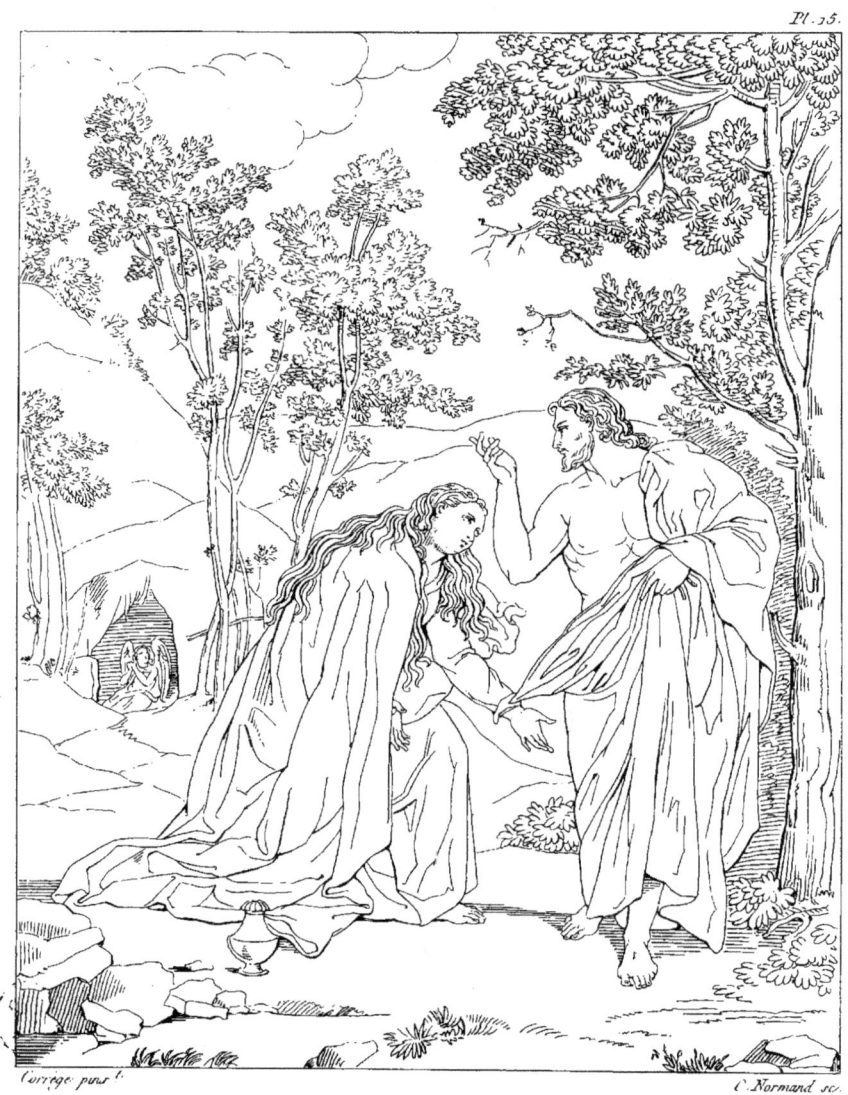

Le Christ apparait à la Madeleine.

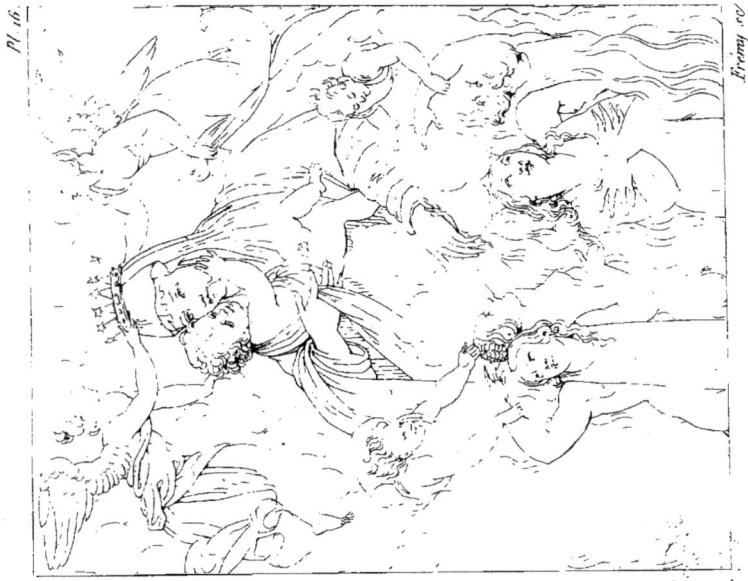

La Vierge détournant des armes des fraugatures.

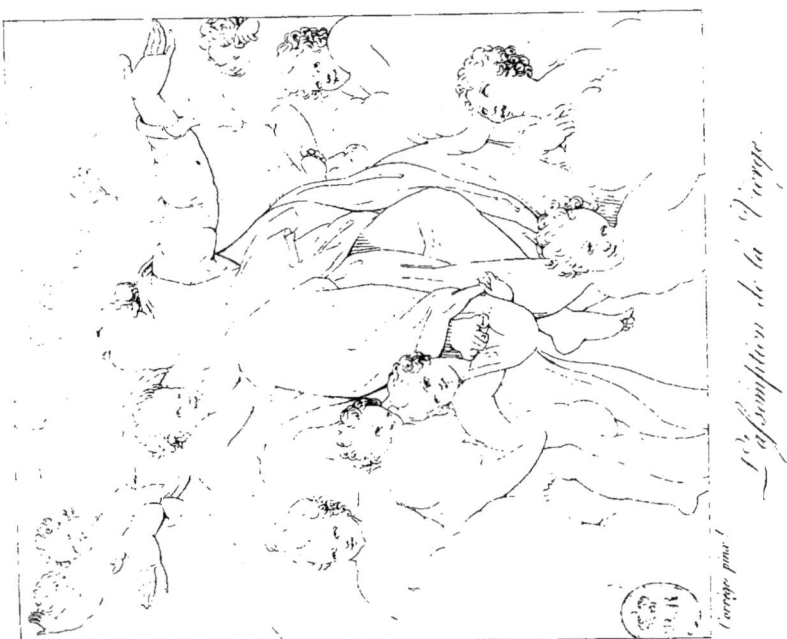

L'Assomption de la Vierge.

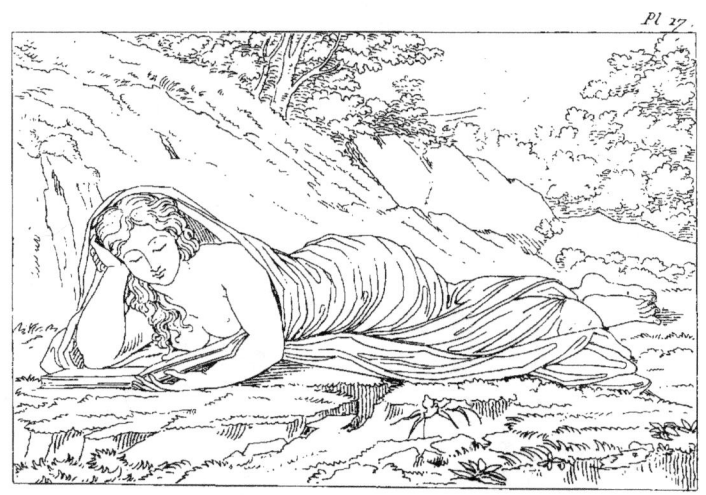

La Madeleine dans le désert.

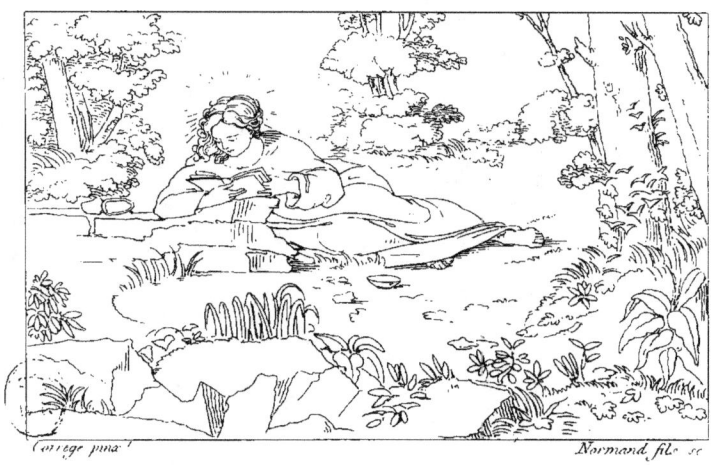

La Madeleine dans le désert.

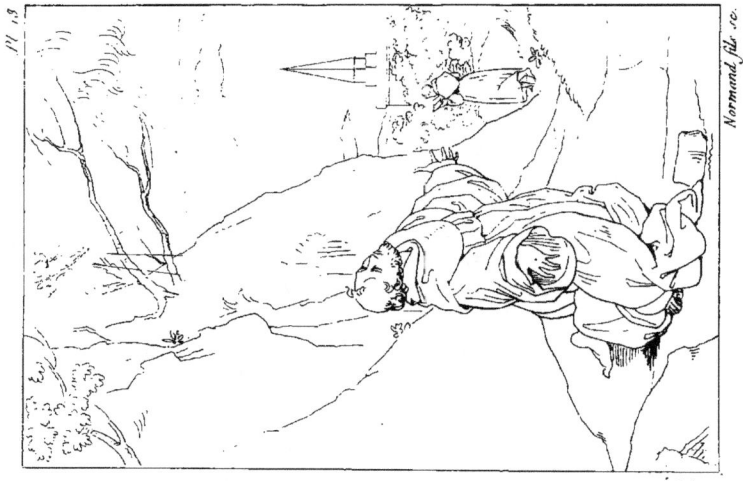

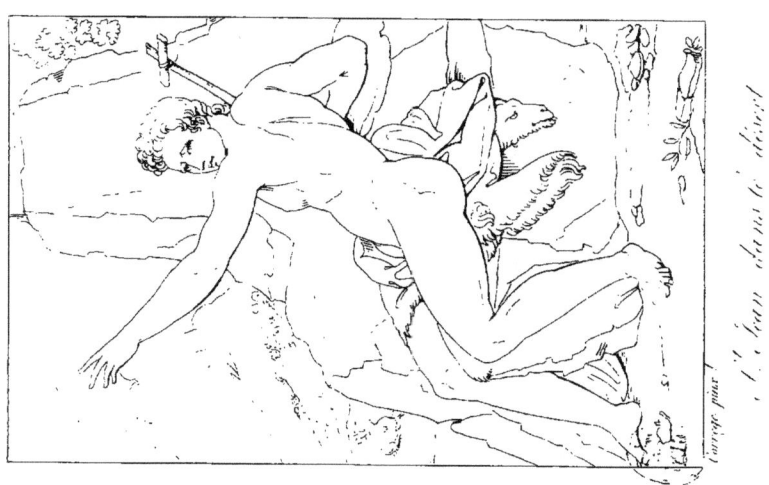

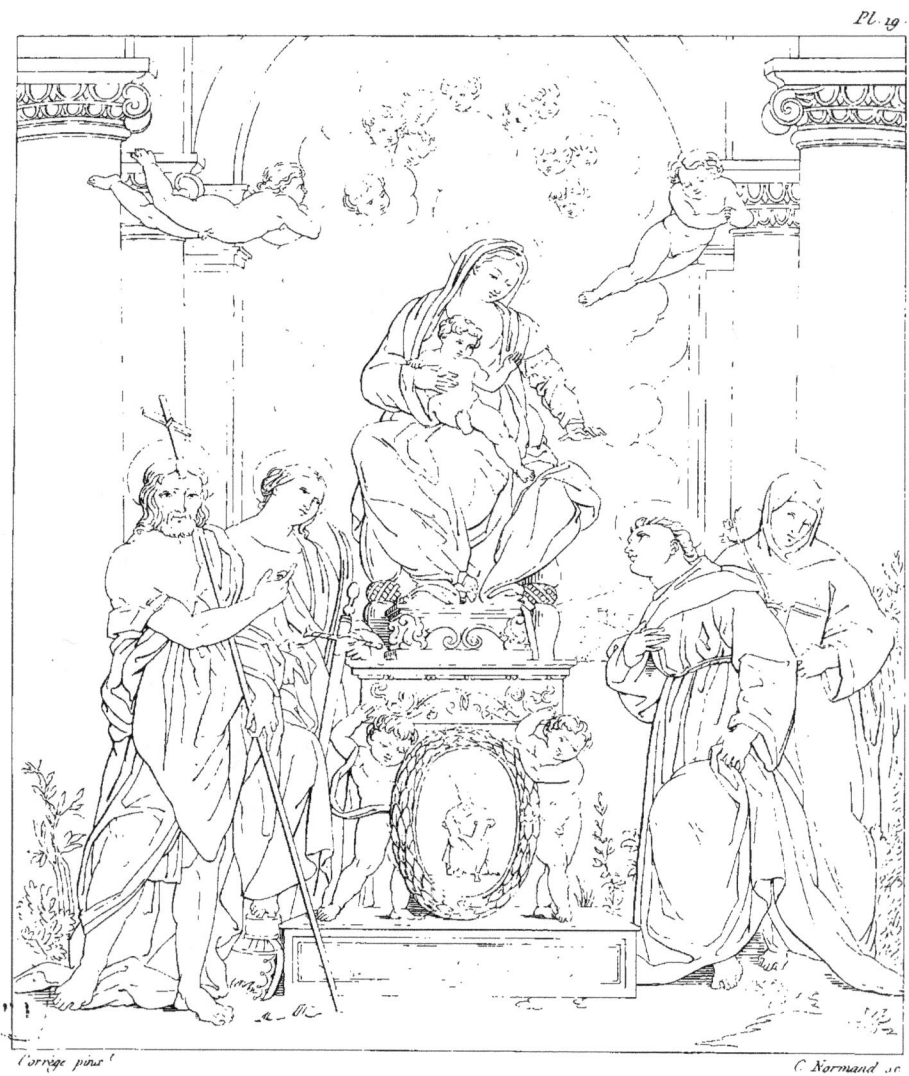

La Vierge sur son trône.

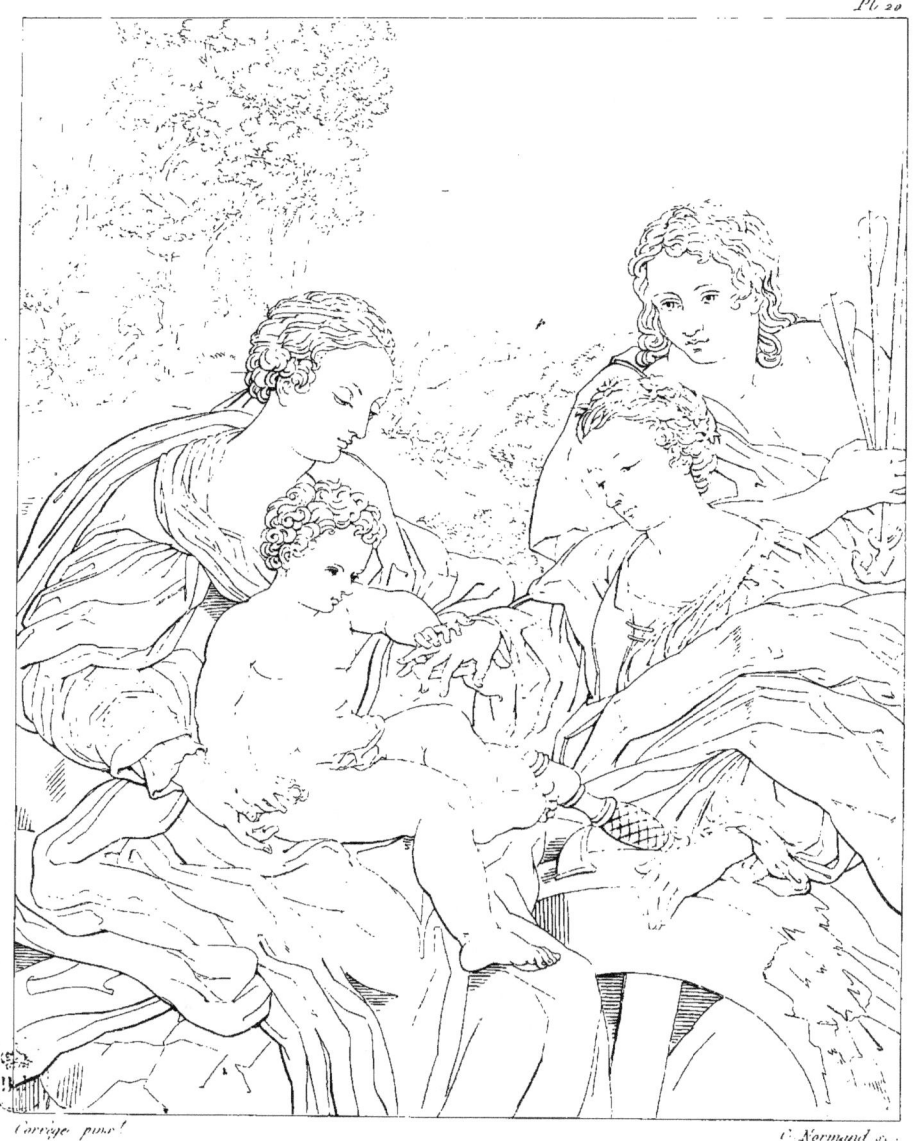

Le Mariage de S.te Catherine.

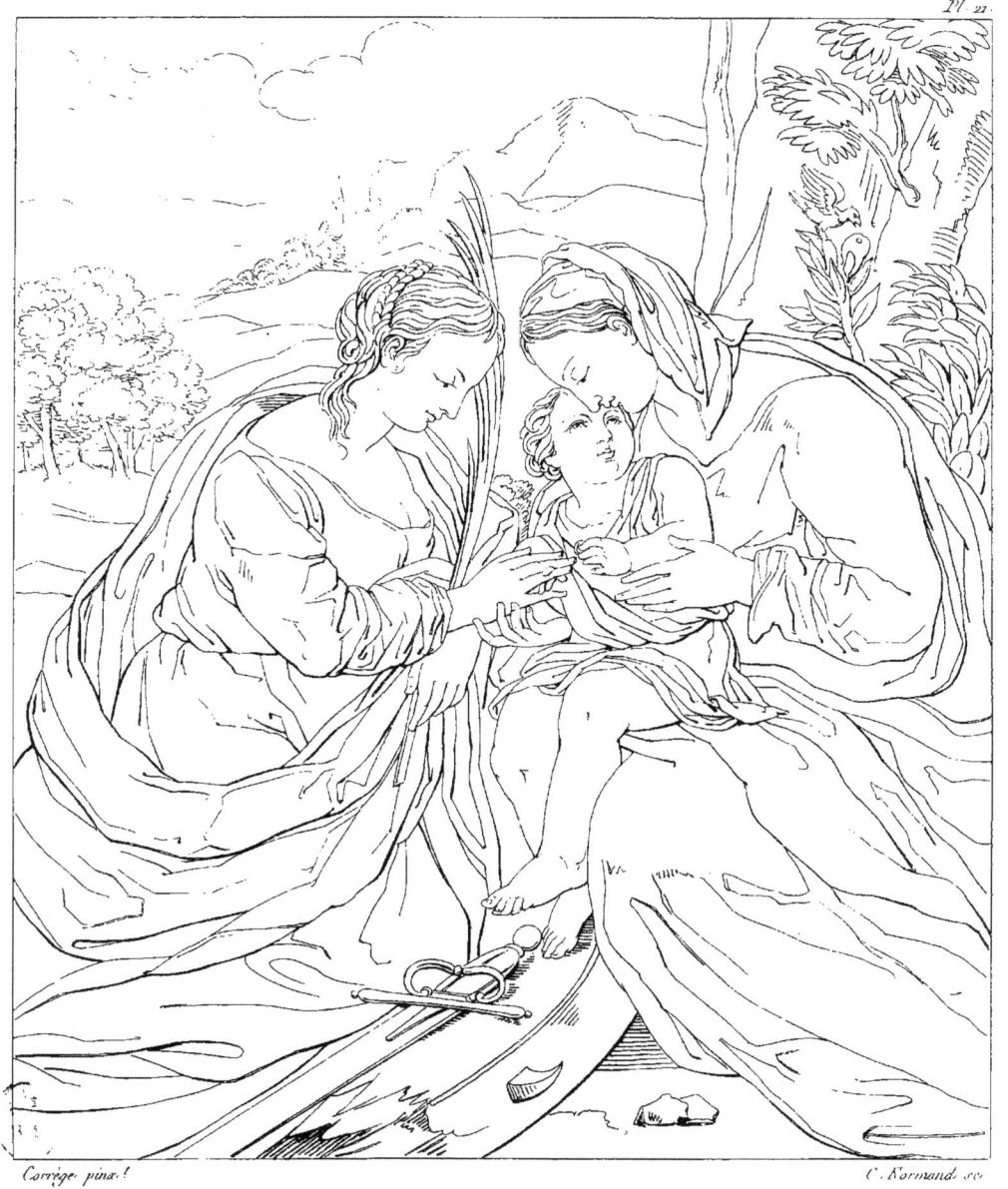

Le Mariage de S.te Catherine.

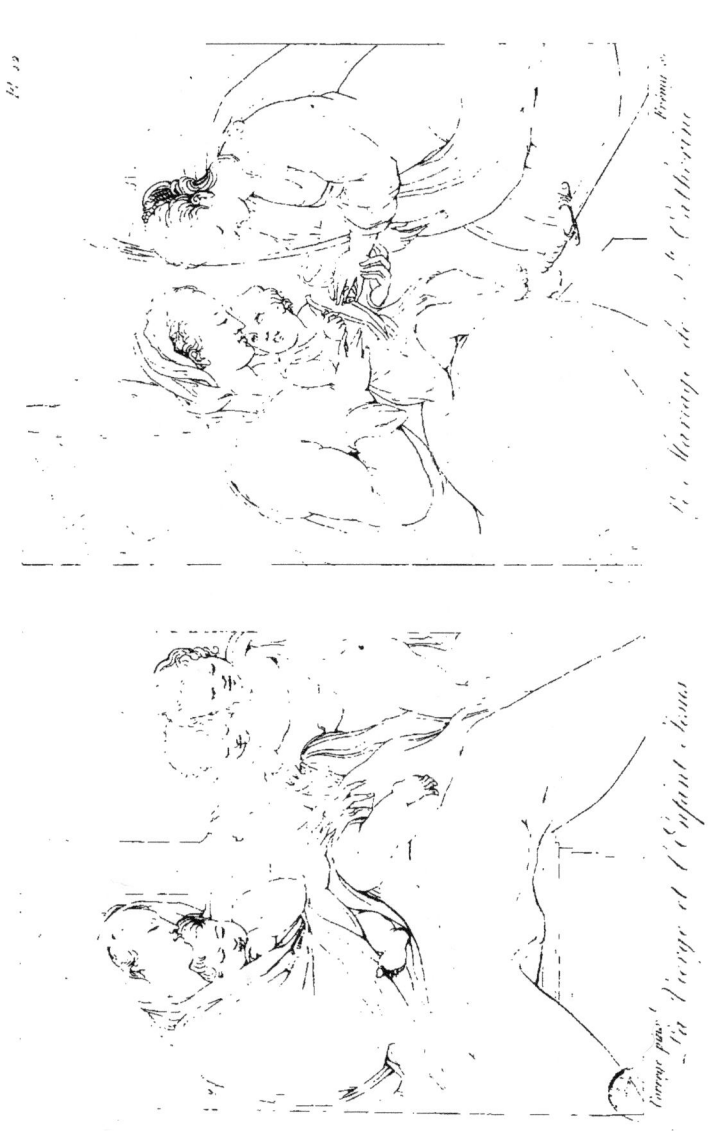

Pl. 23

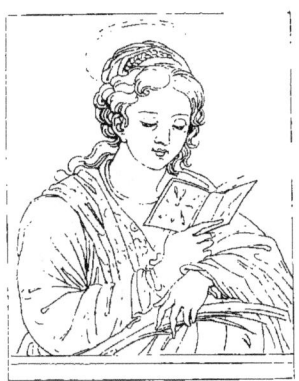

S.te Catherine.

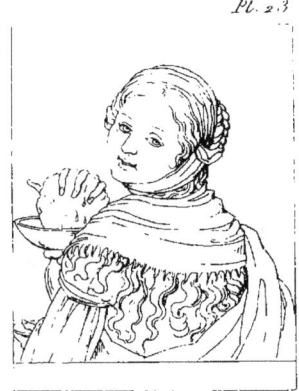

La Madeleine.

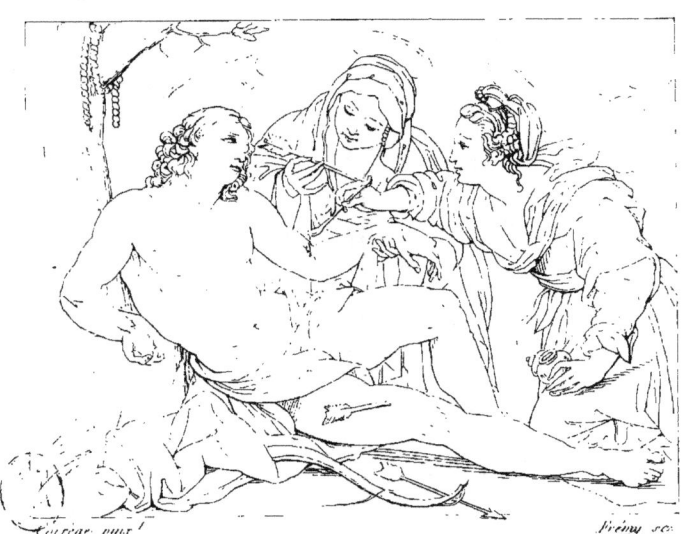

Corrège pinx.t   Frémy sc.

S.t Sébastien.

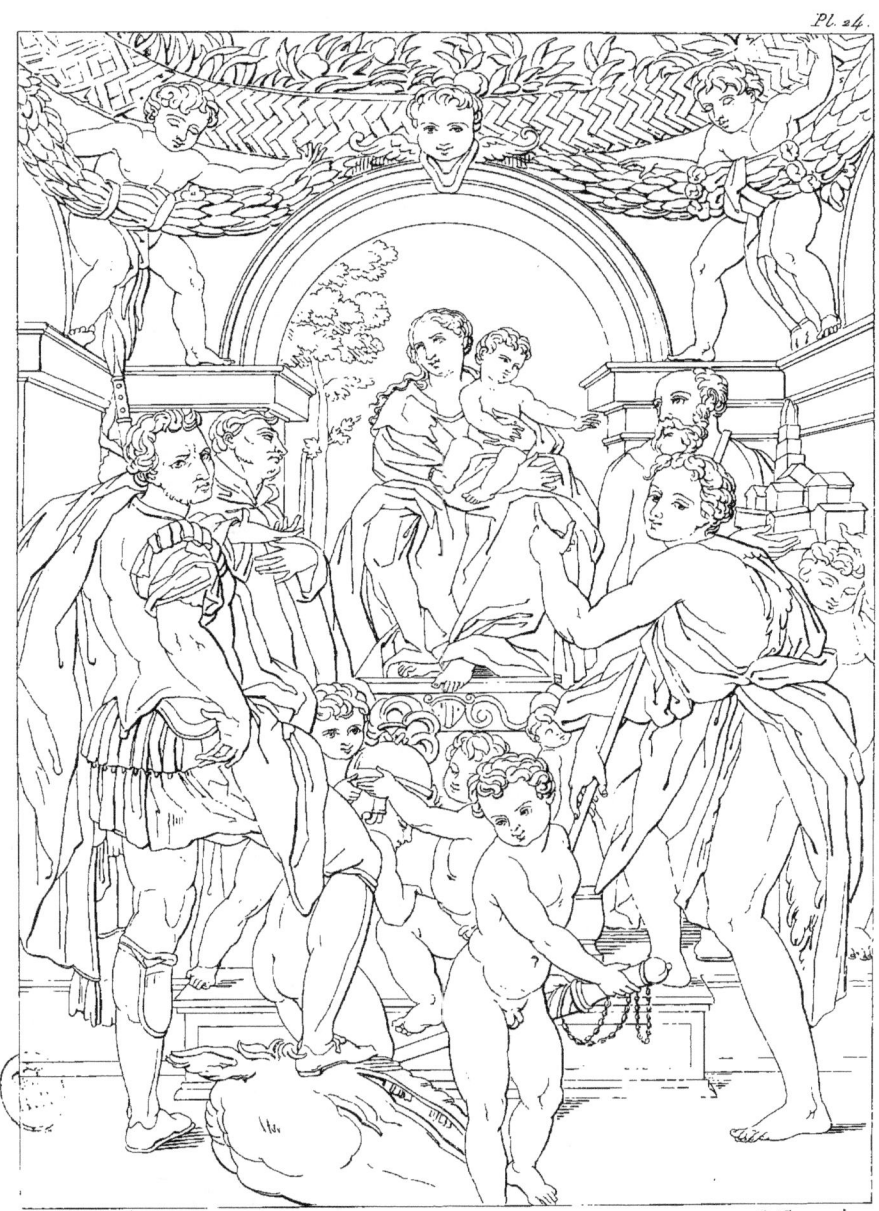

St. Georges devant le trône de la Vierge.

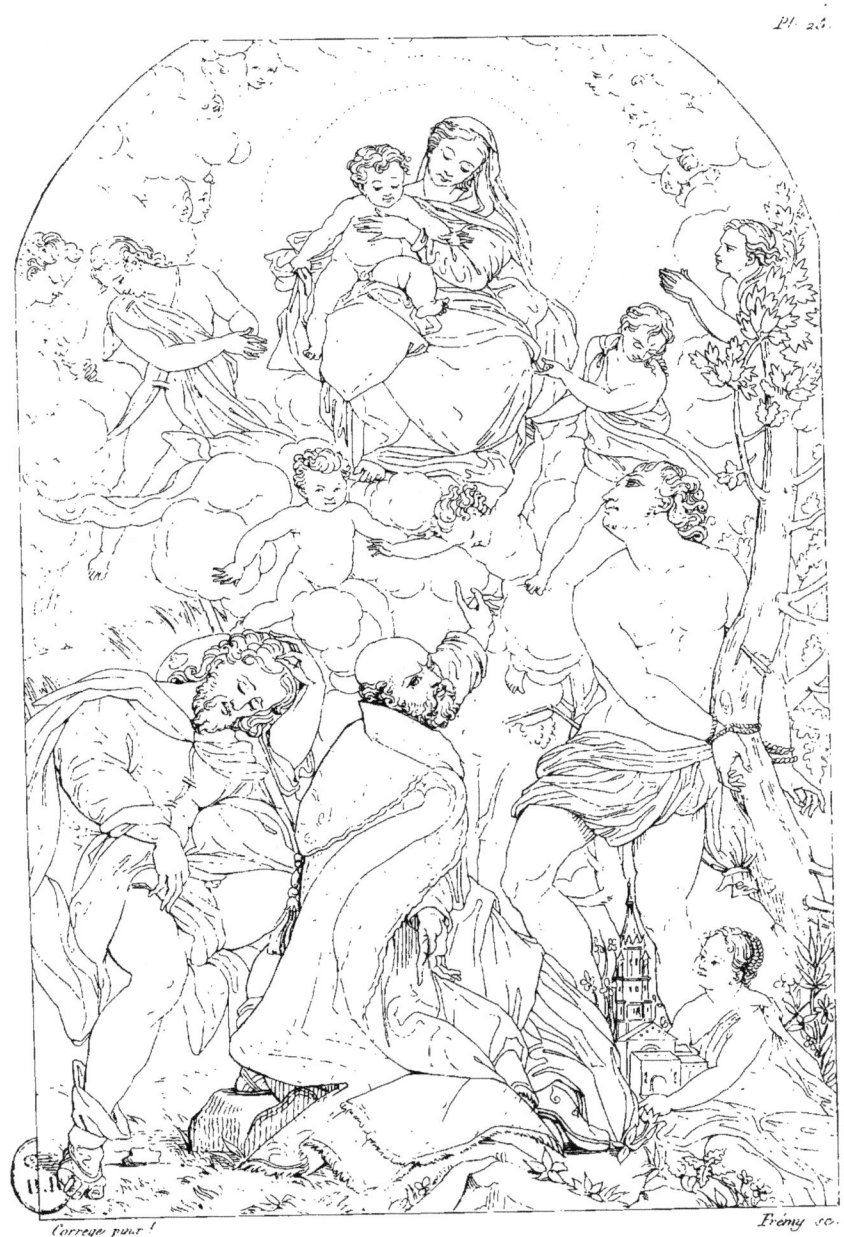

Corrège pinx.t　　　　　　Frémy sc.

St. Sébastien.

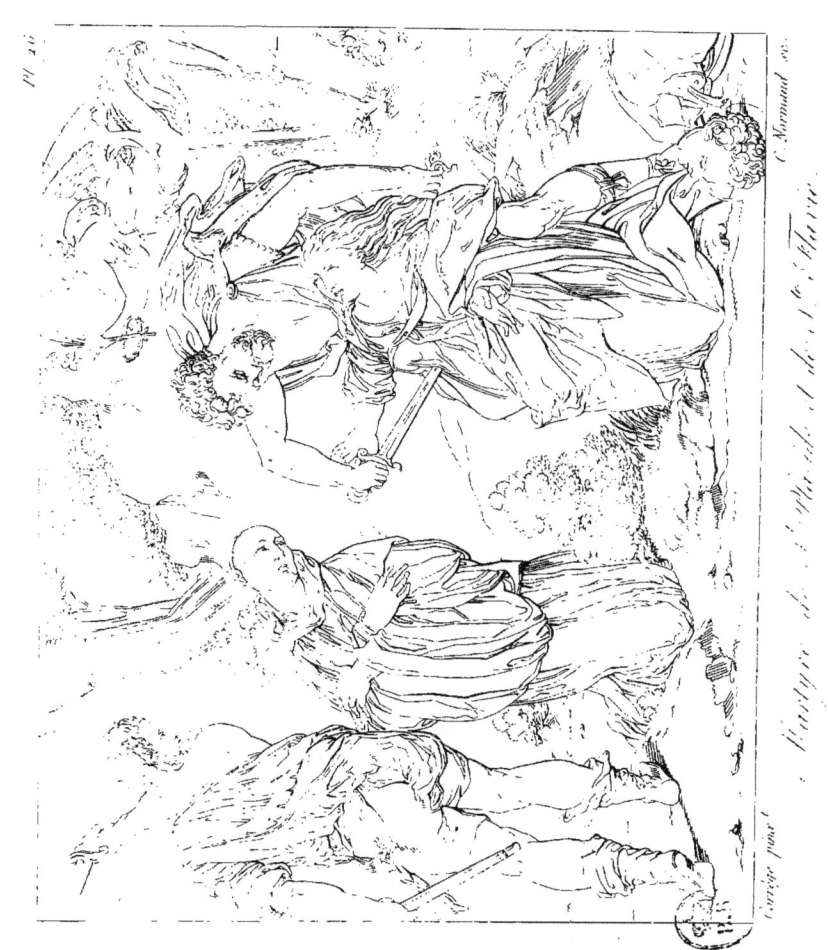

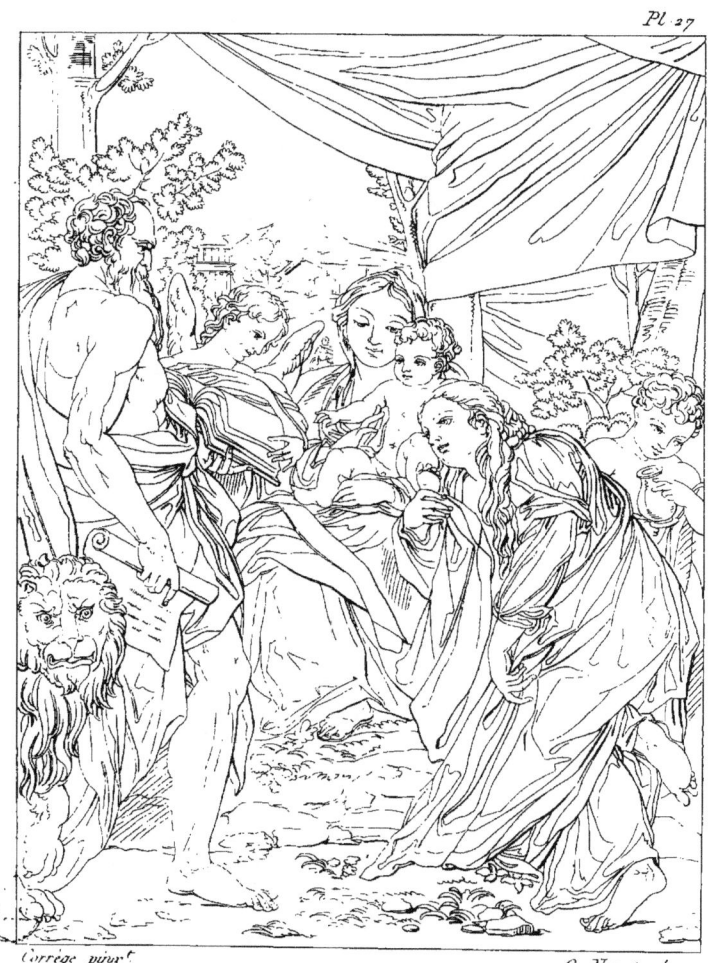

Corrège pinx.t   C. Normand sc.

S.t Jérome.

Pl. 28.

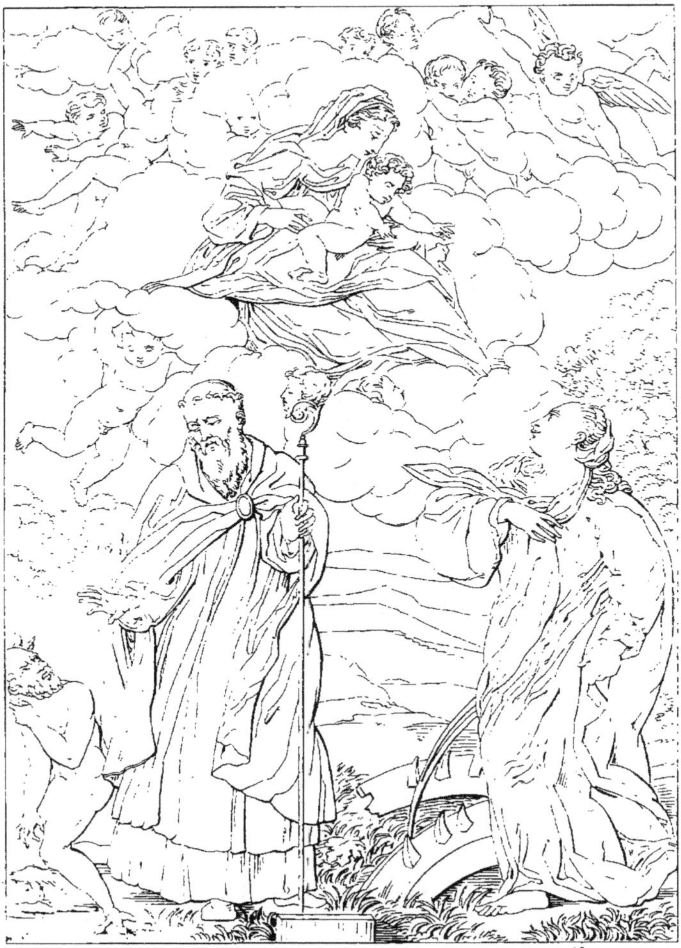

Correge pinx.t   C. Normand sc.

S.te Catherine et S.t Ubalde

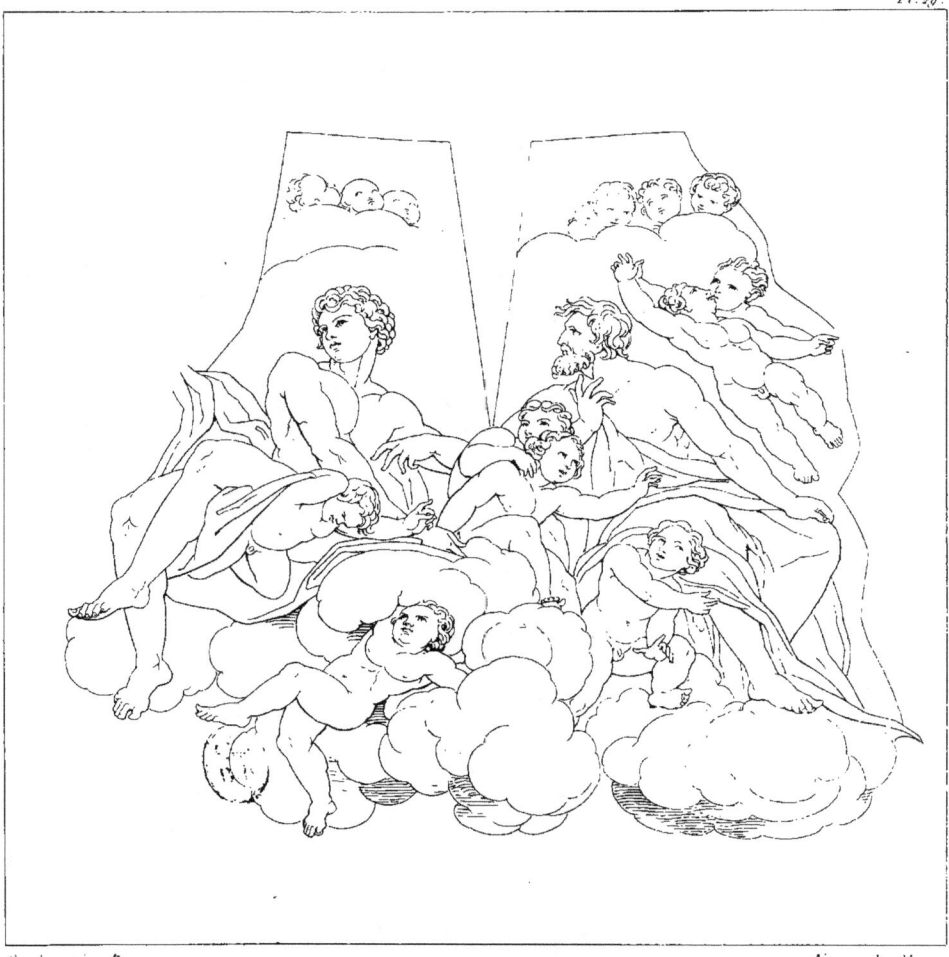

Deux Apôtres.

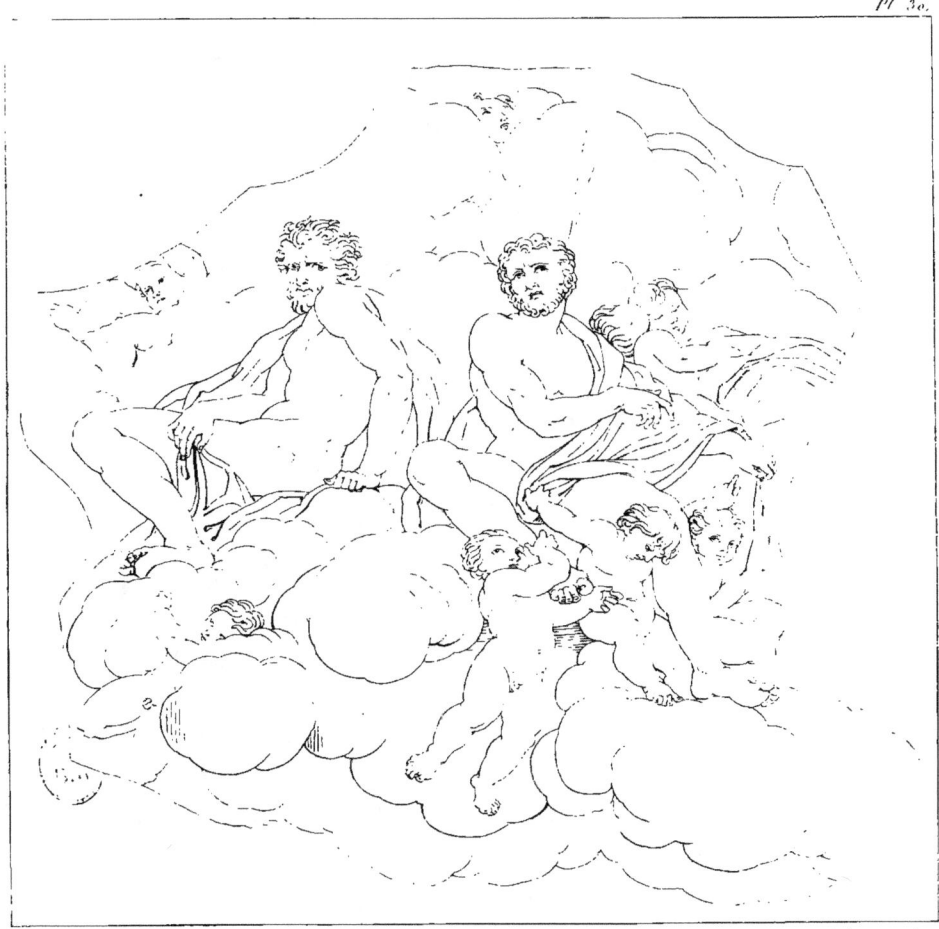

Corrège pinx.^t   C.^e Normand sc.

Deux Apôtres.

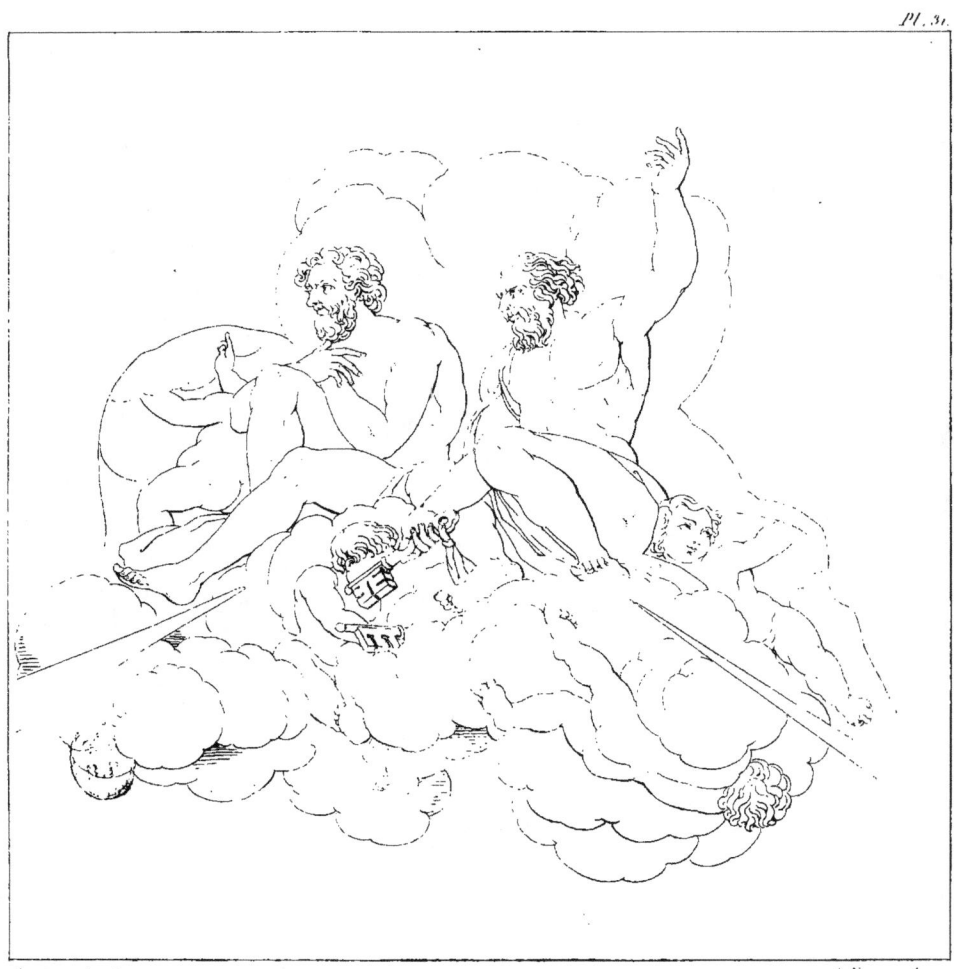

Deux Apôtres.

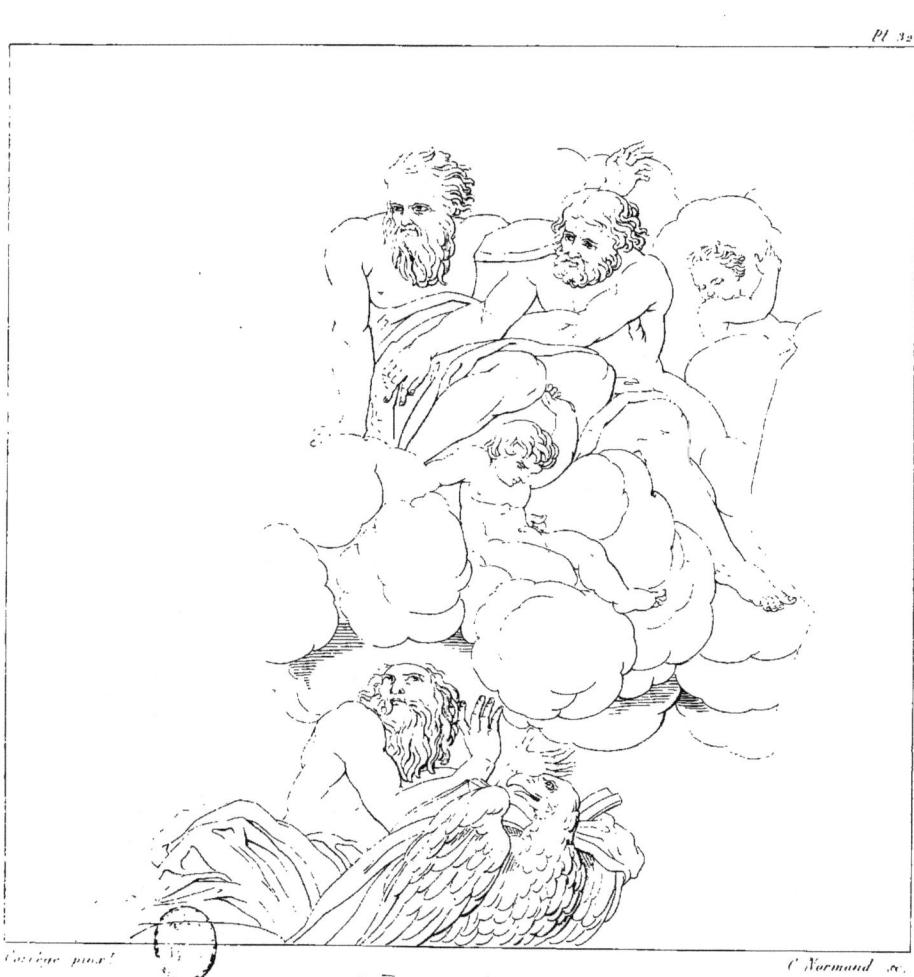

Trois Apôtres.

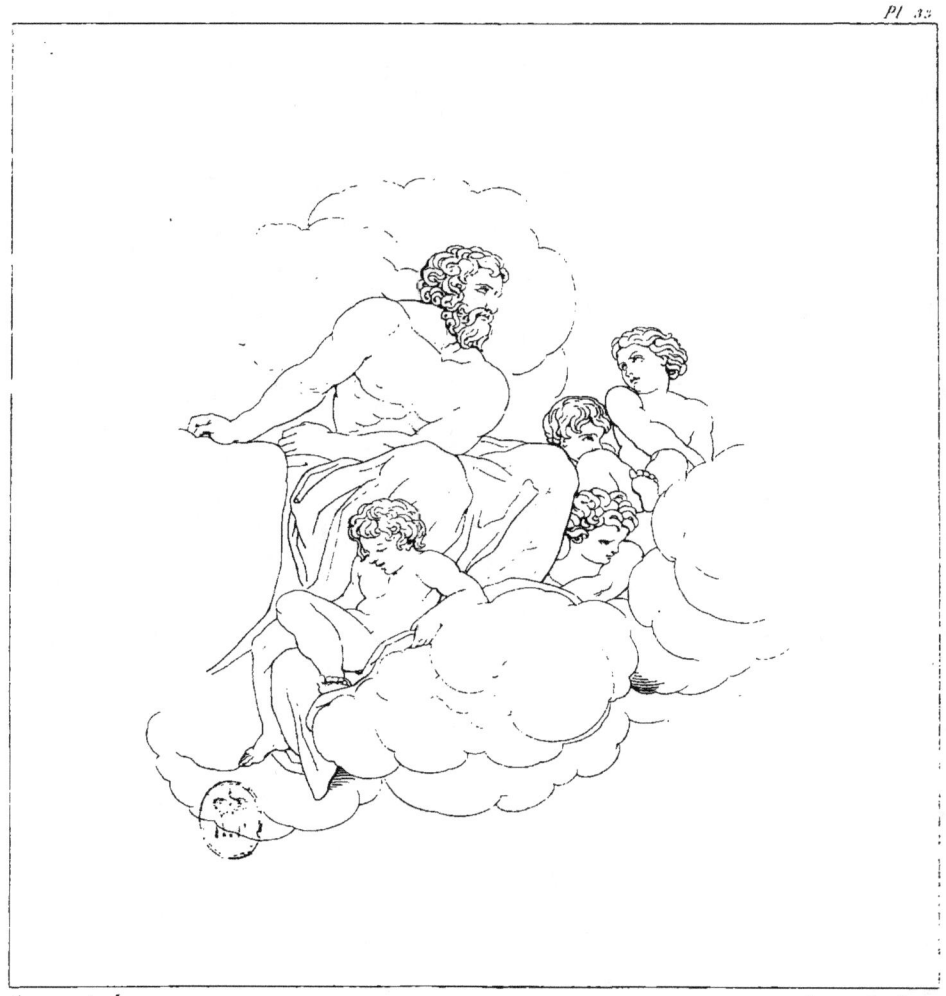

Un Apôtre.

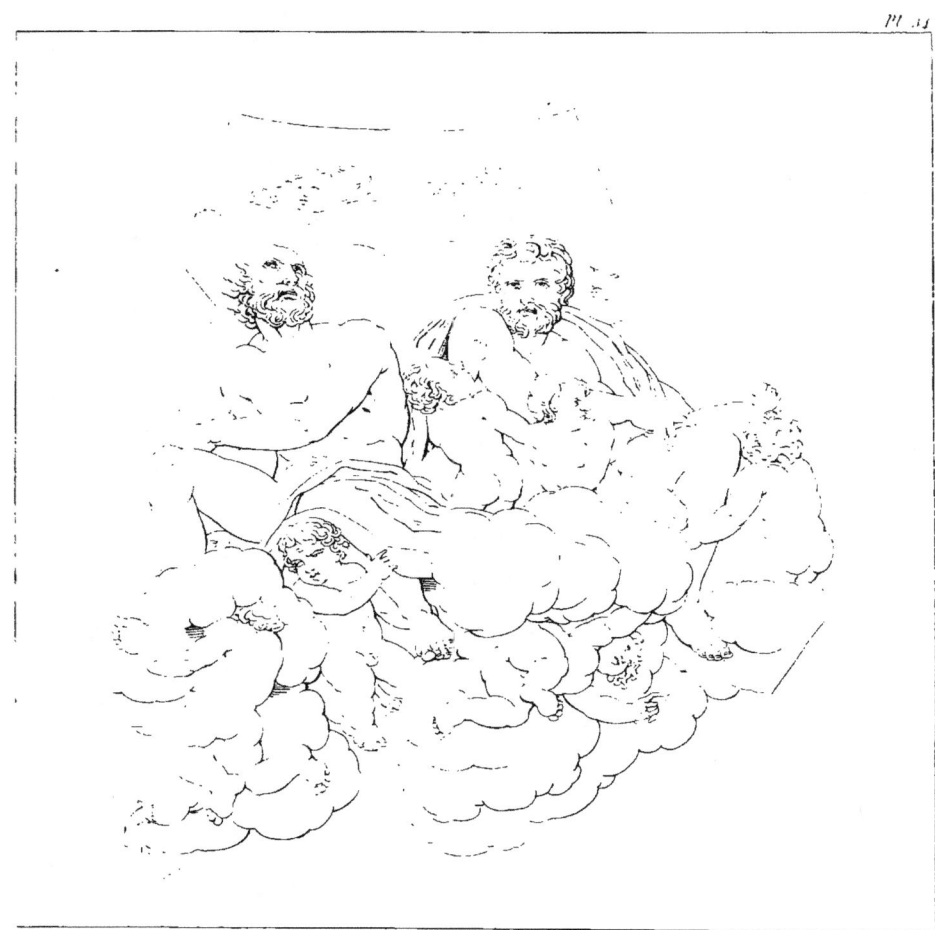

Deux Apôtres.

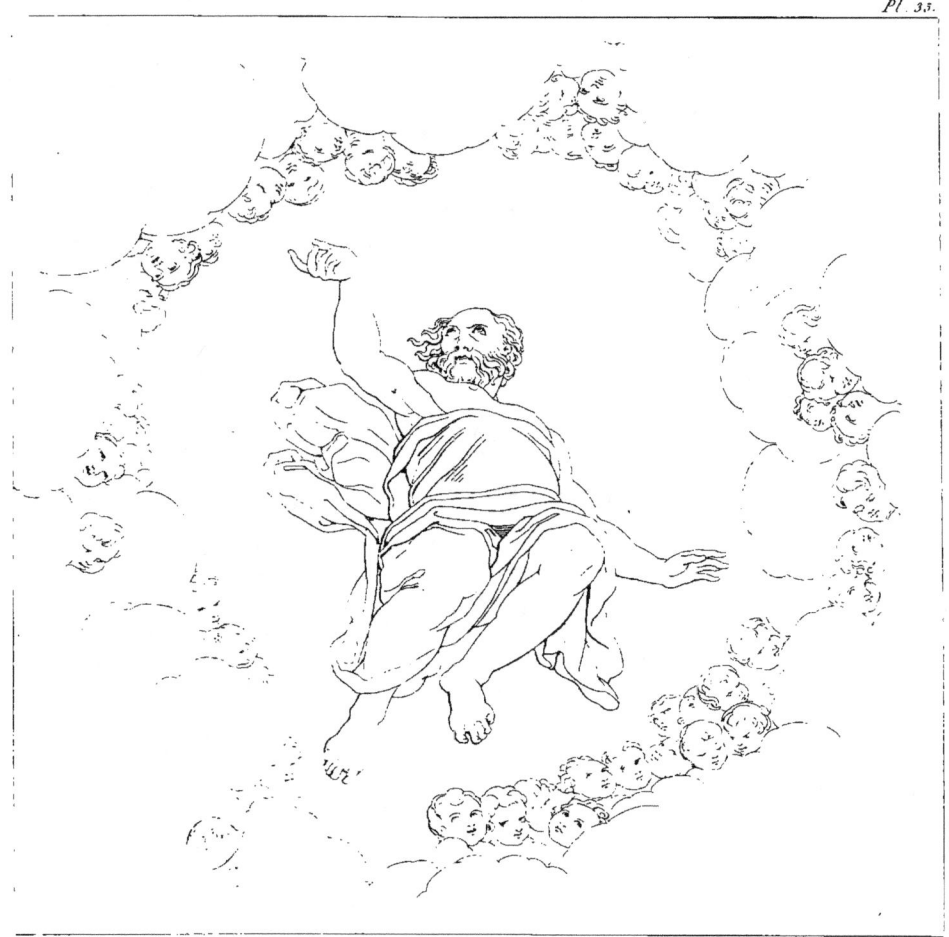

St. Jean montant au ciel.

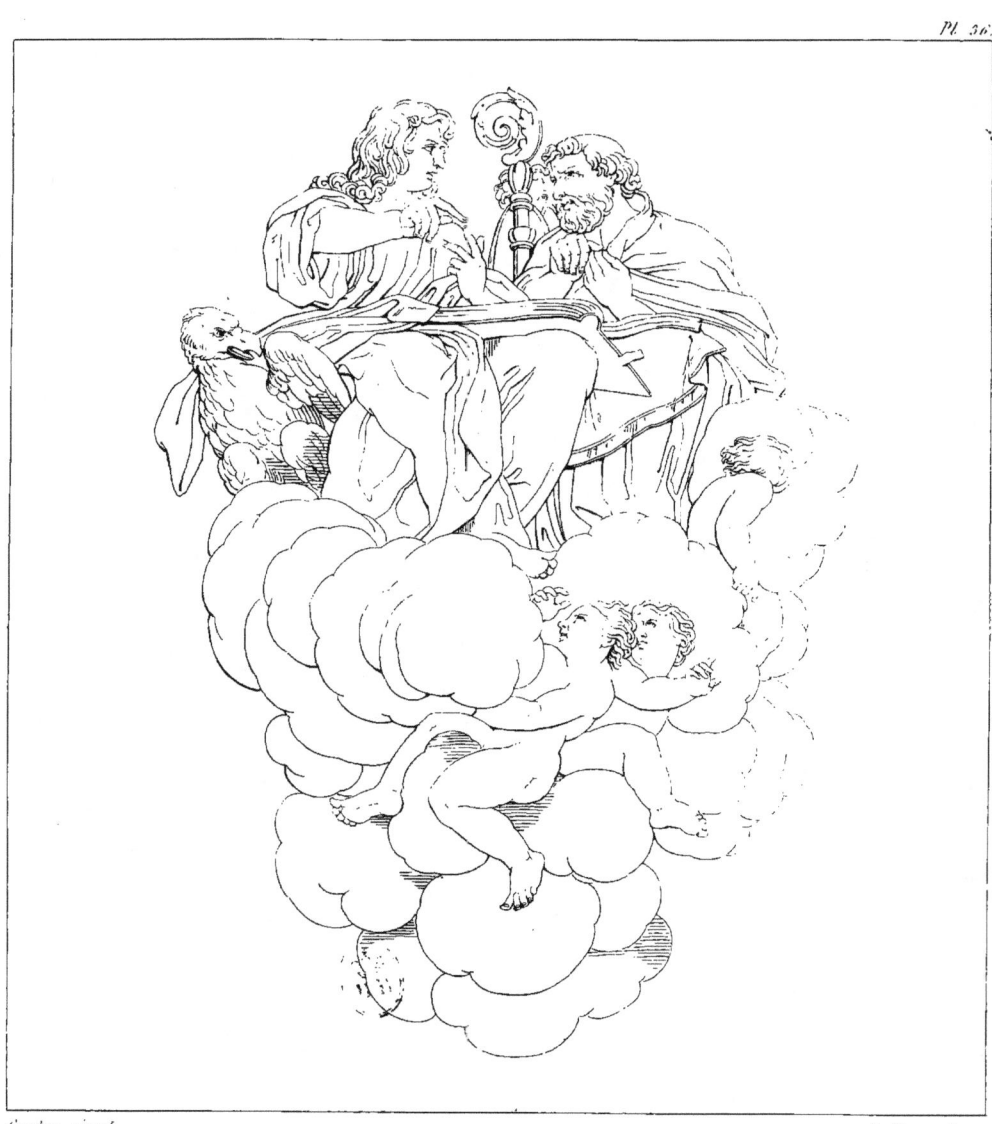

St. Jean Évangéliste.

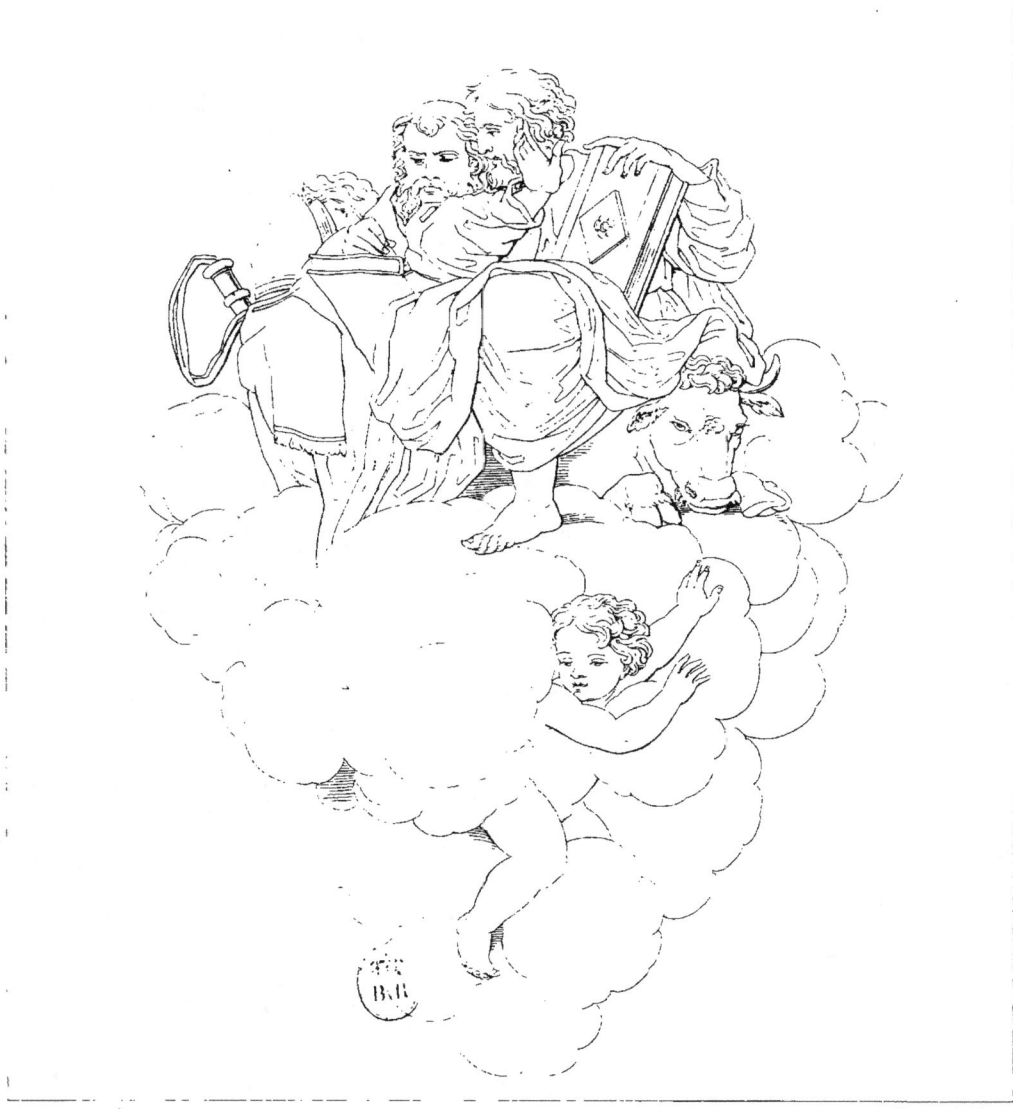

Corrège pinx.t Normand fils sc.

S.t Luc Evangéliste.

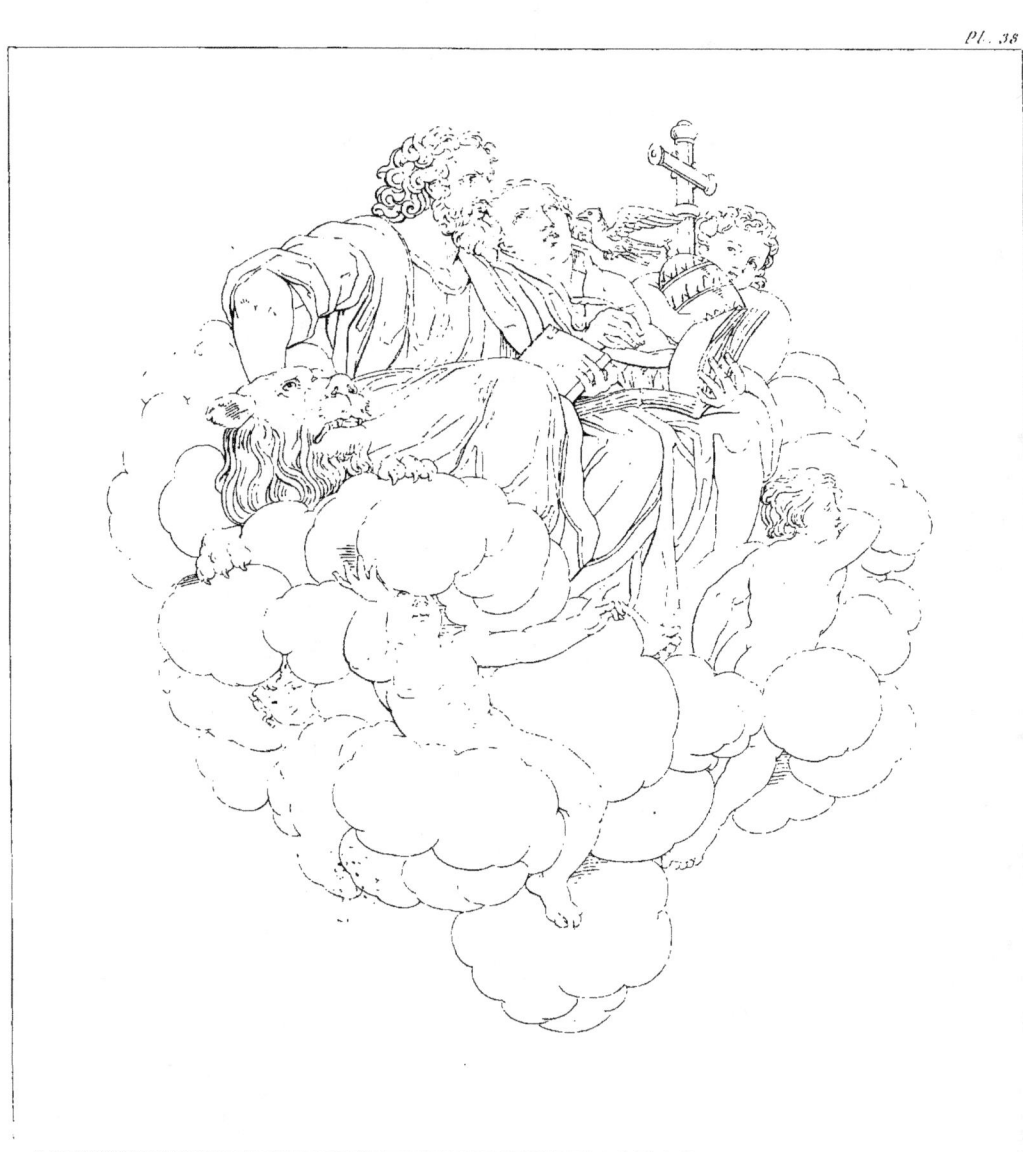

S. Marco Evangelista

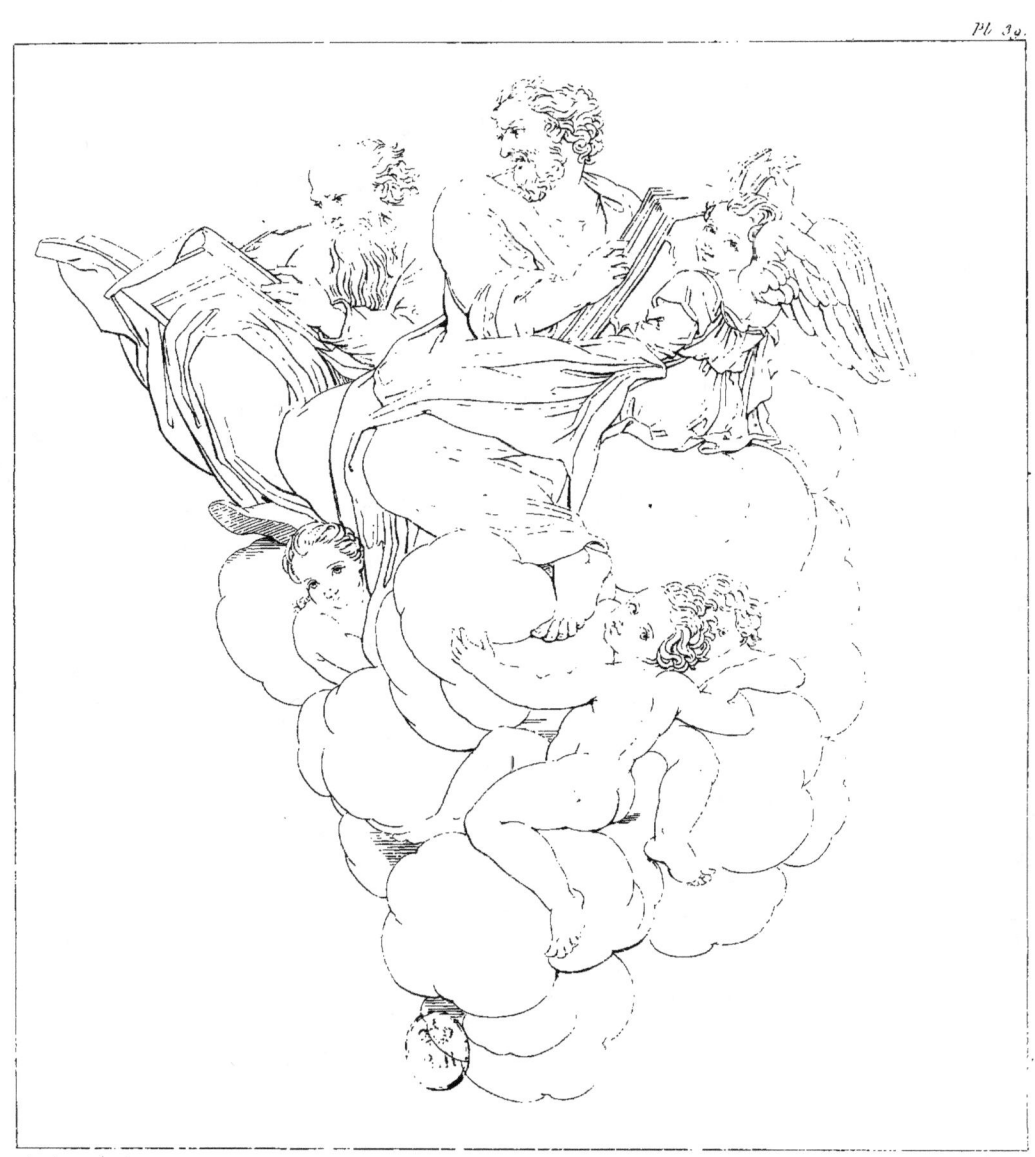

St. Mathieu Evangéliste.

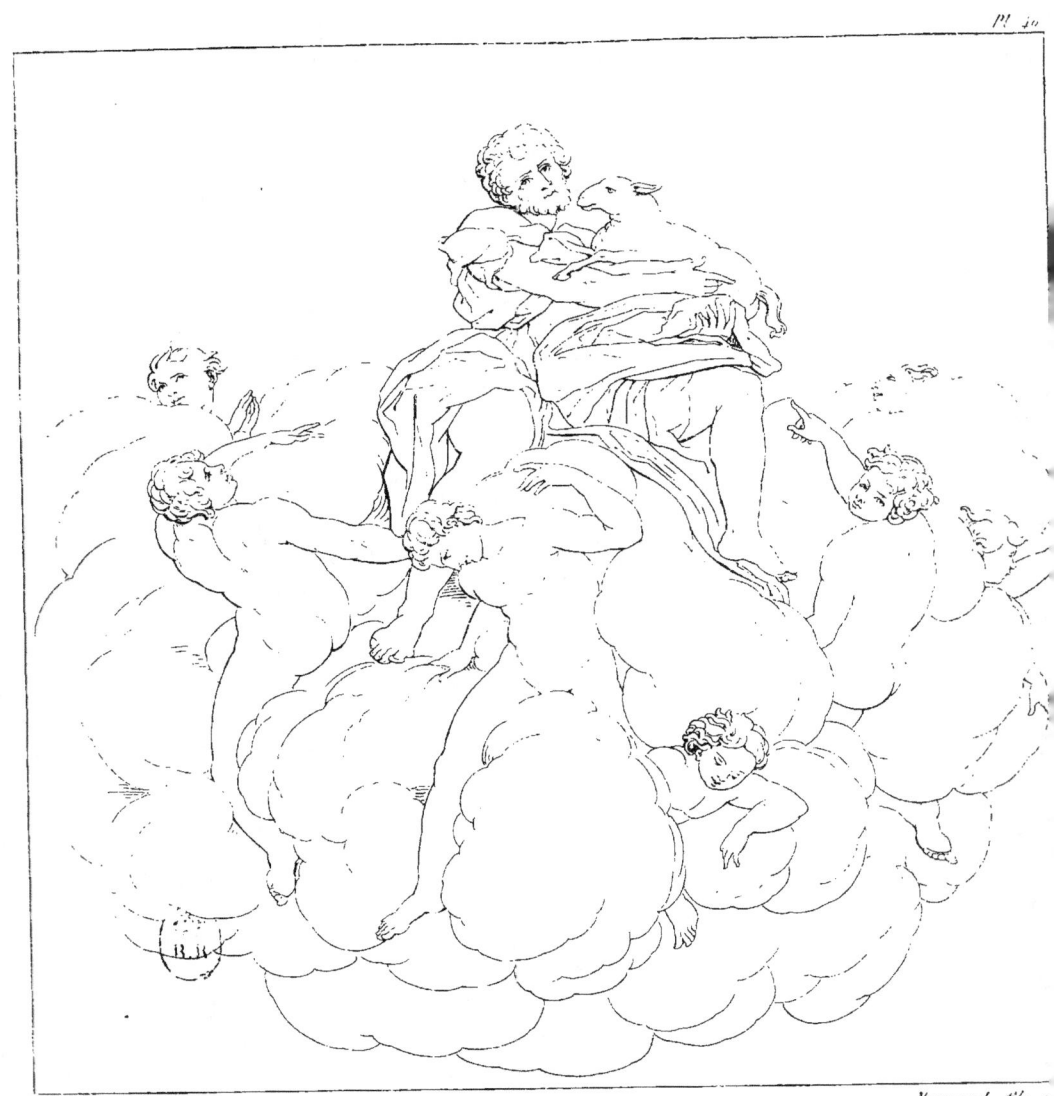

St. Jean Baptiste.

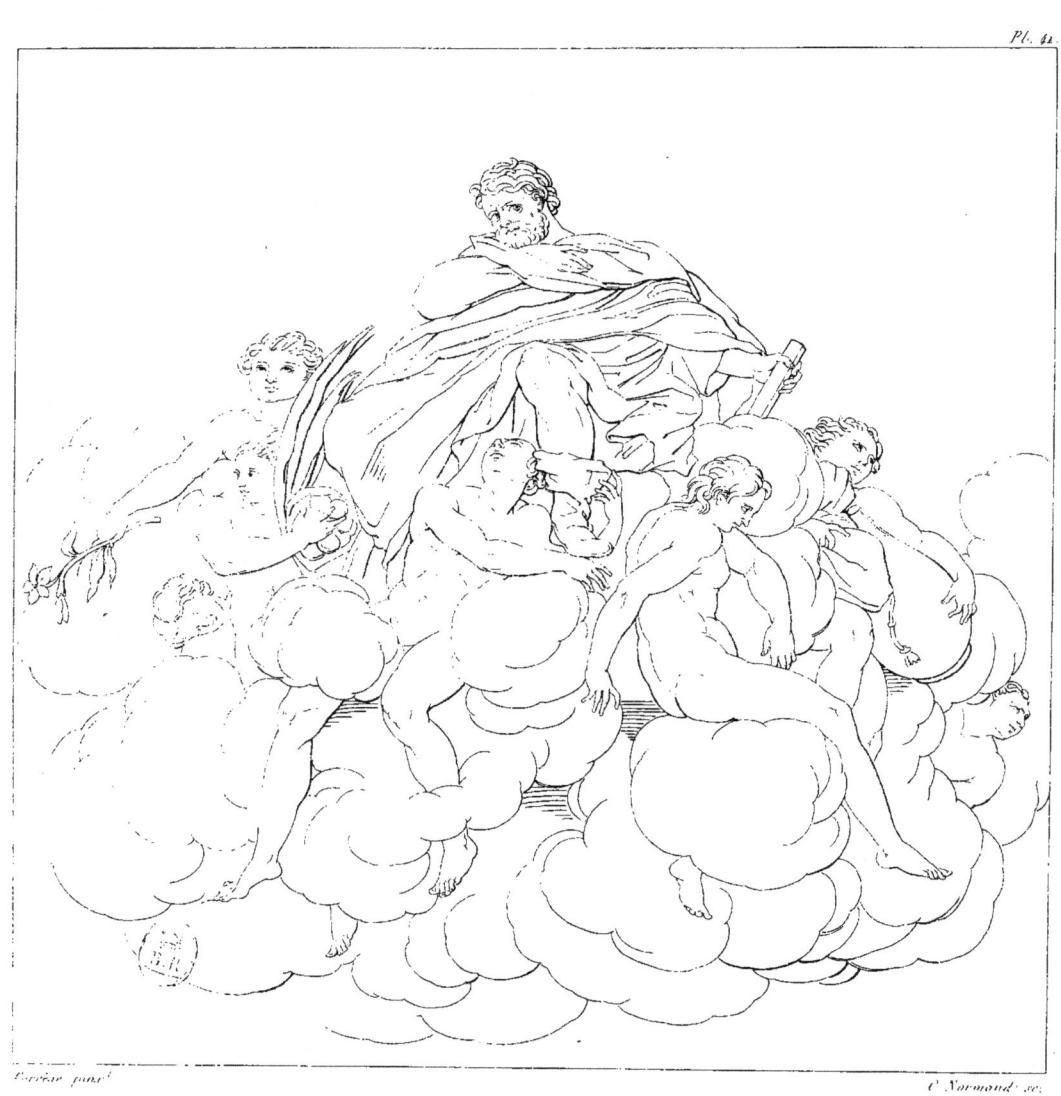

S.t Joseph

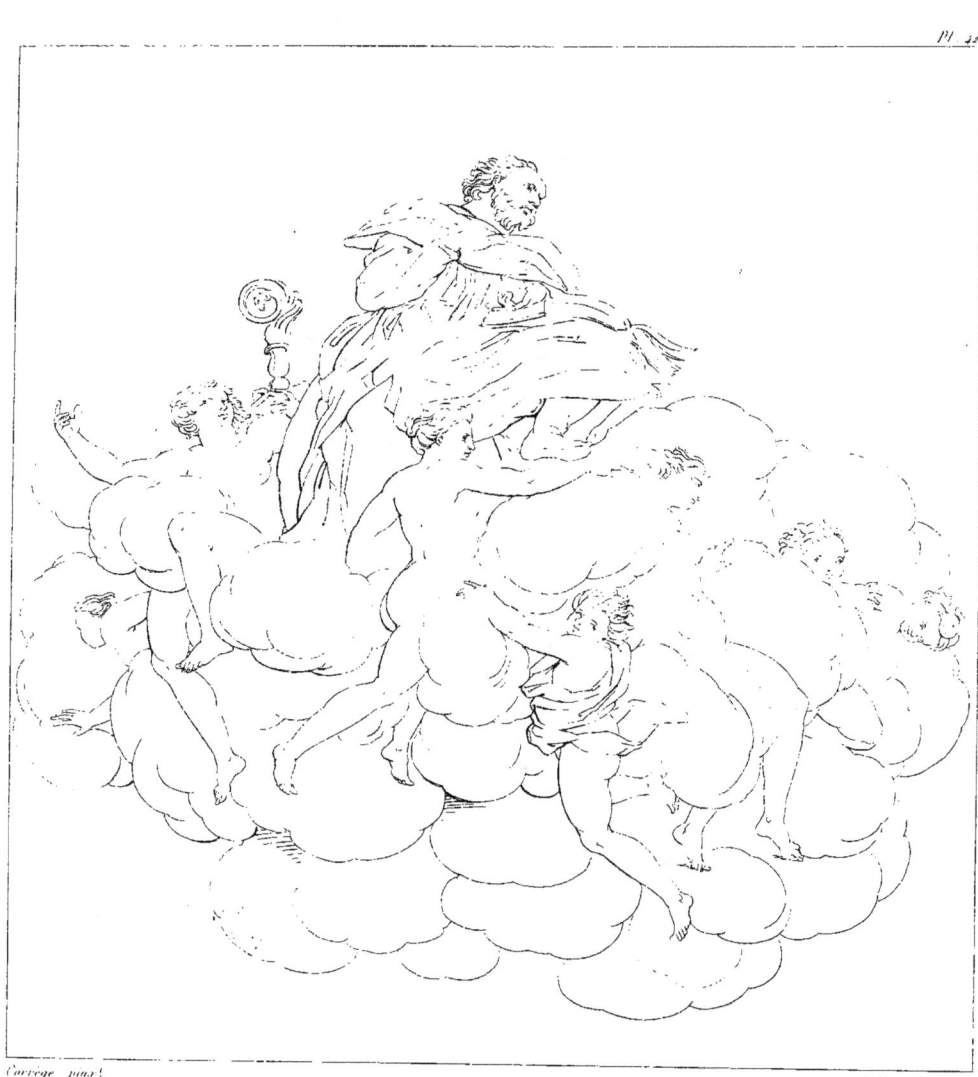

St. Bernard.

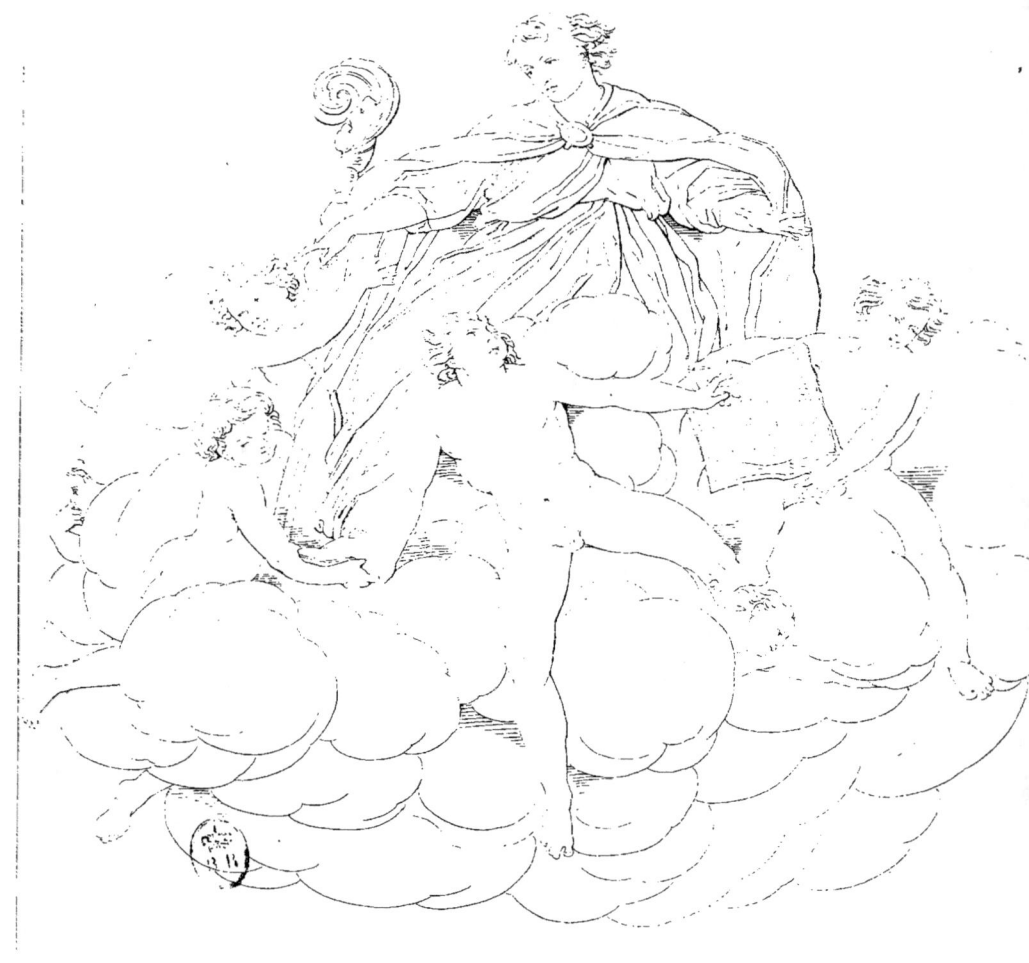

St. Thomas

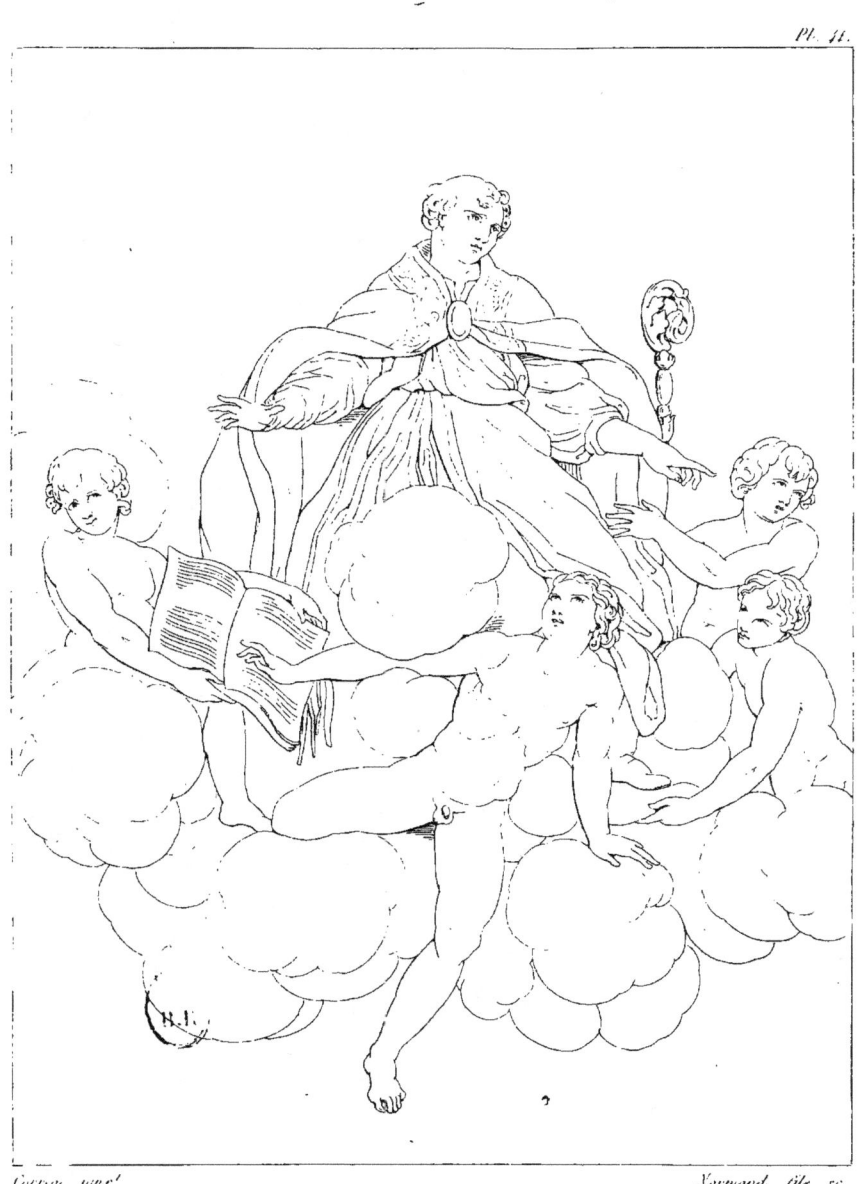

S.t Thomas.

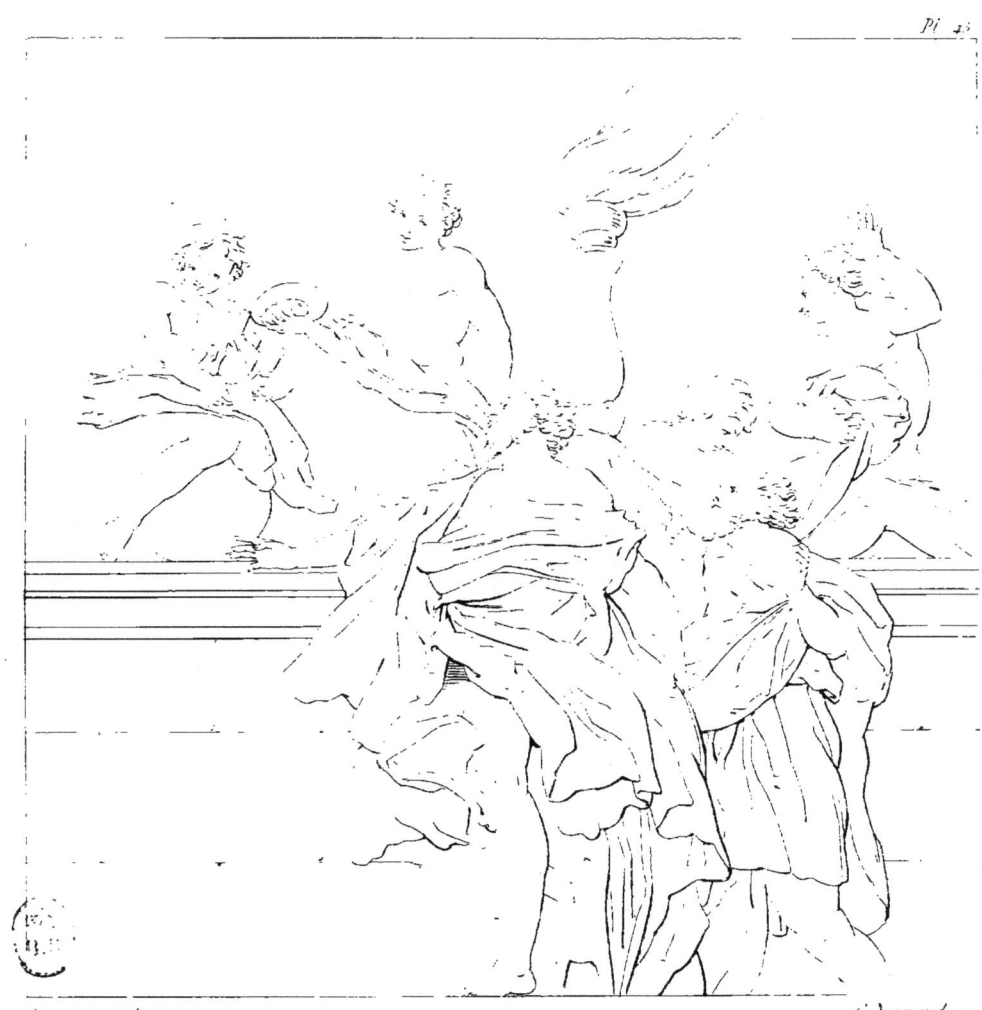

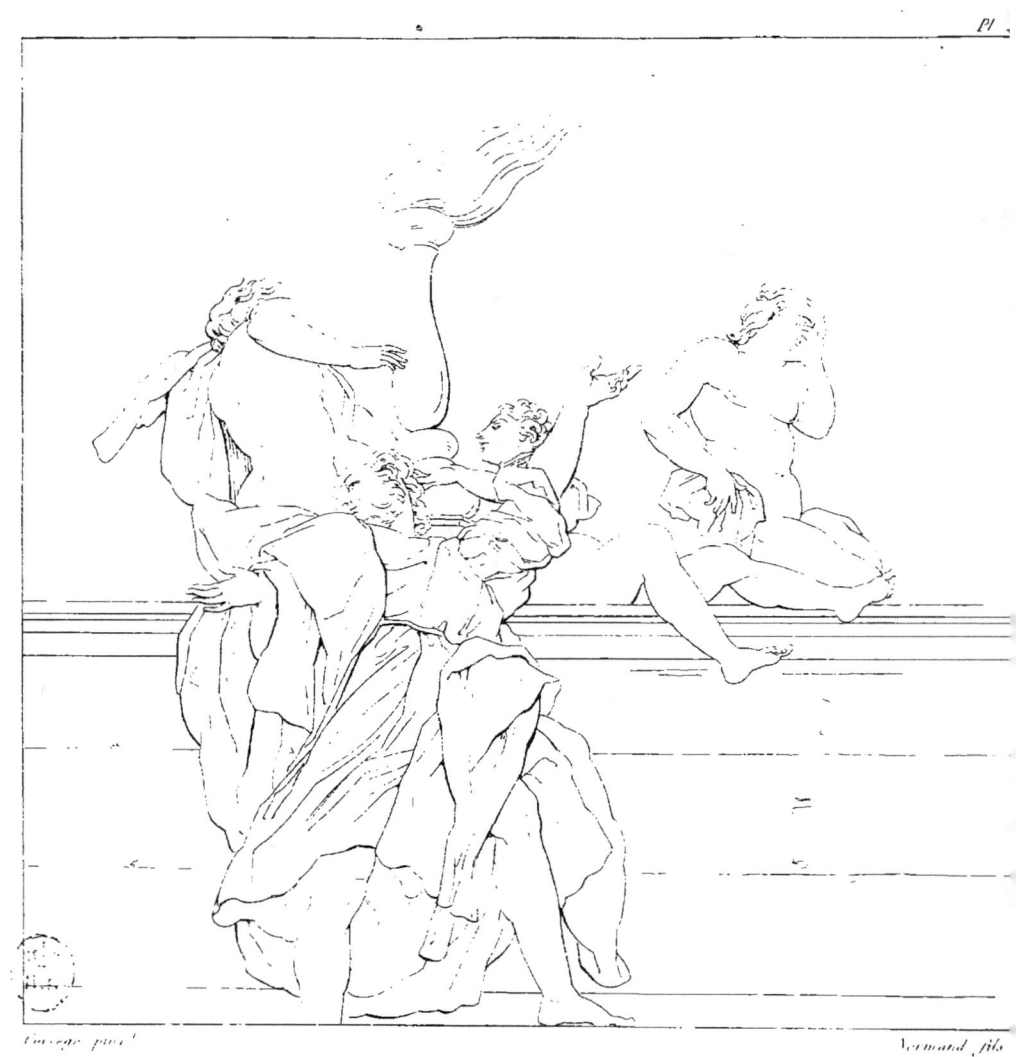

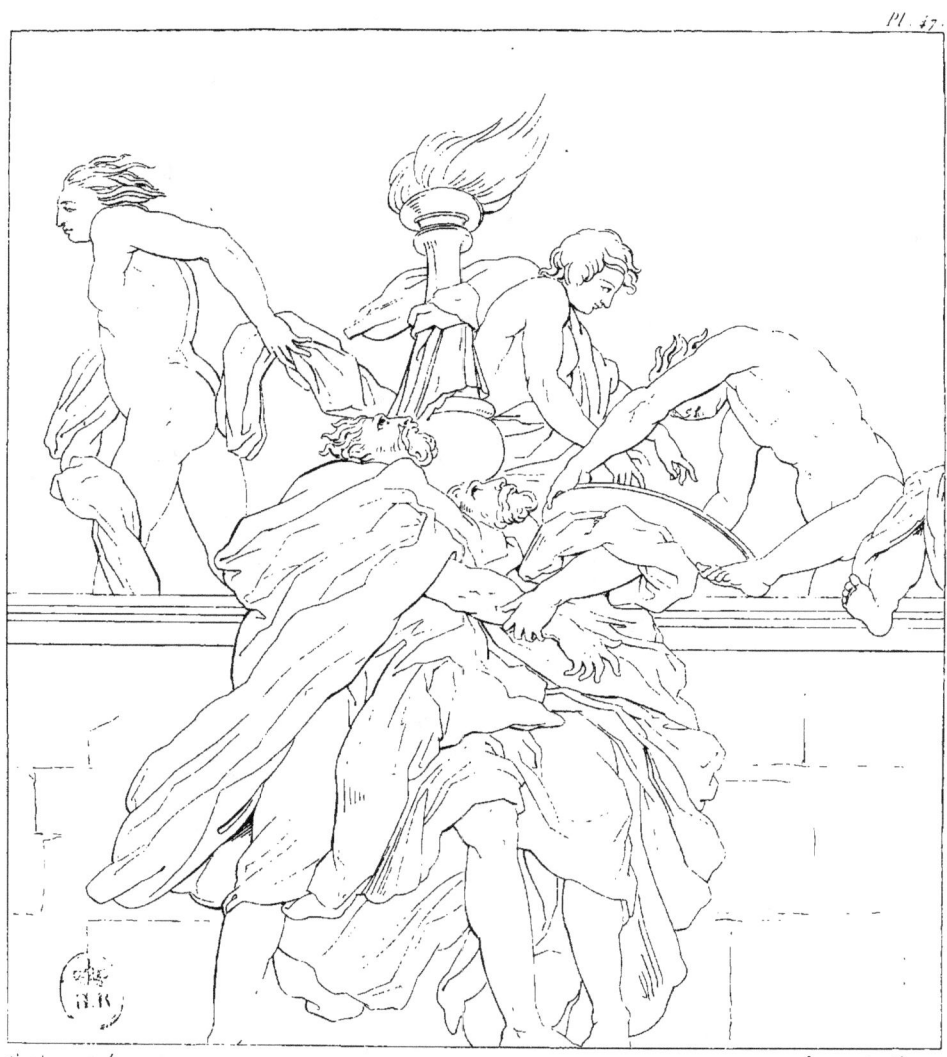

Deux Apôtres.

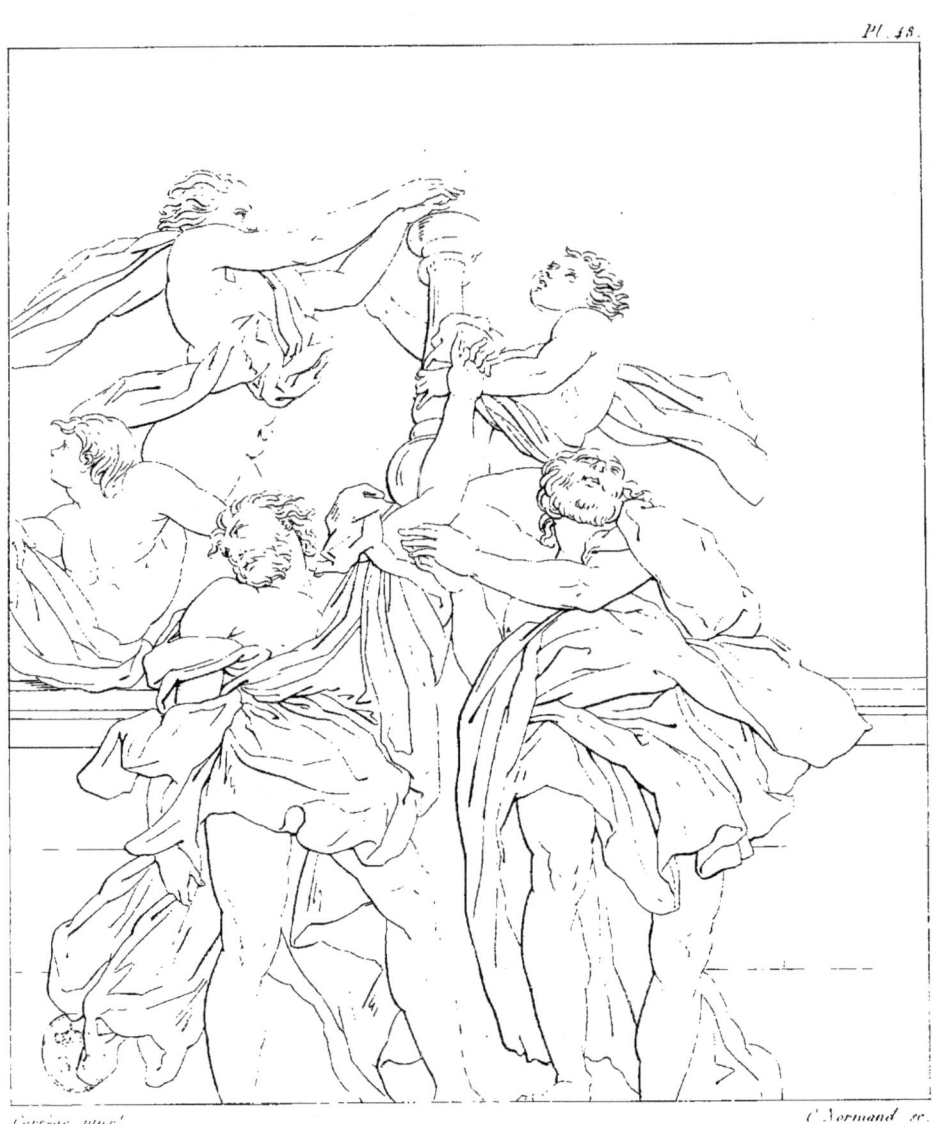

Deux Apôtres

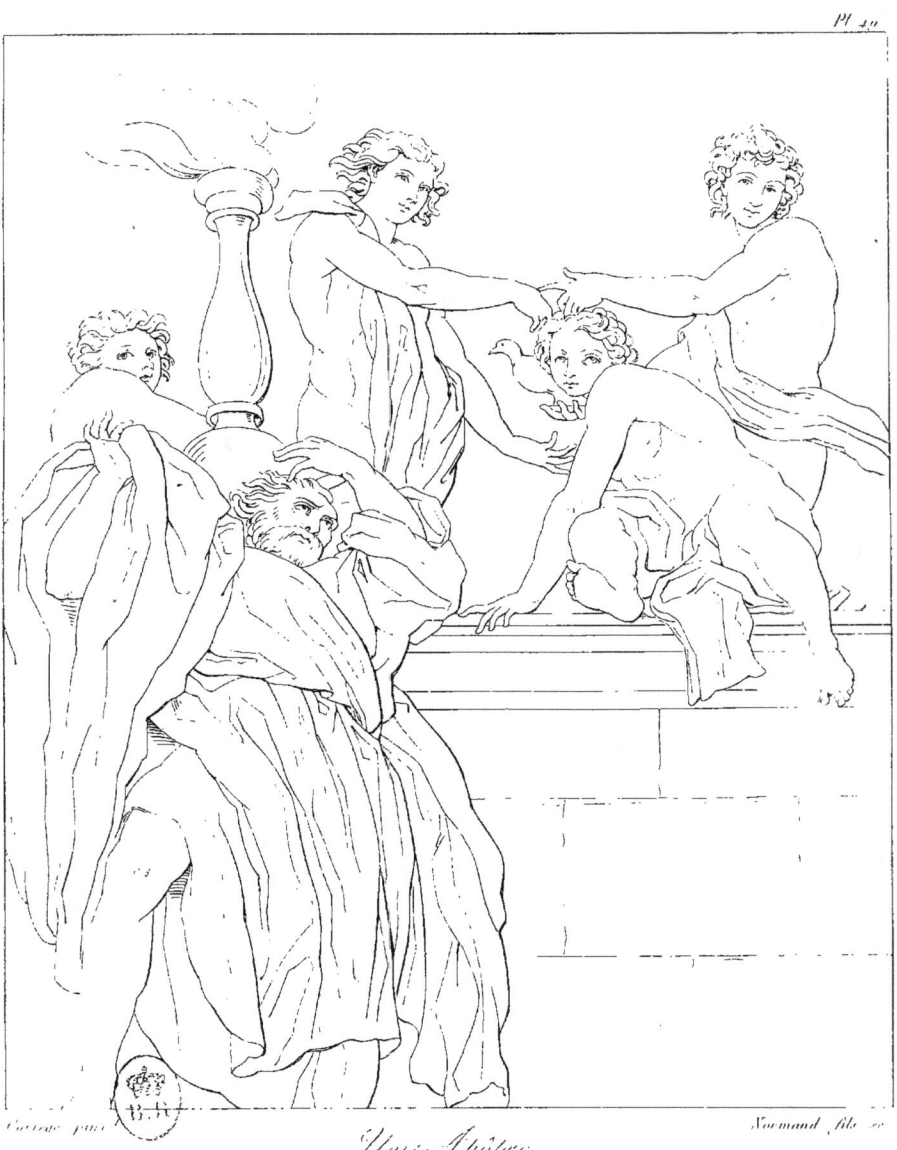

Un Apôtre.

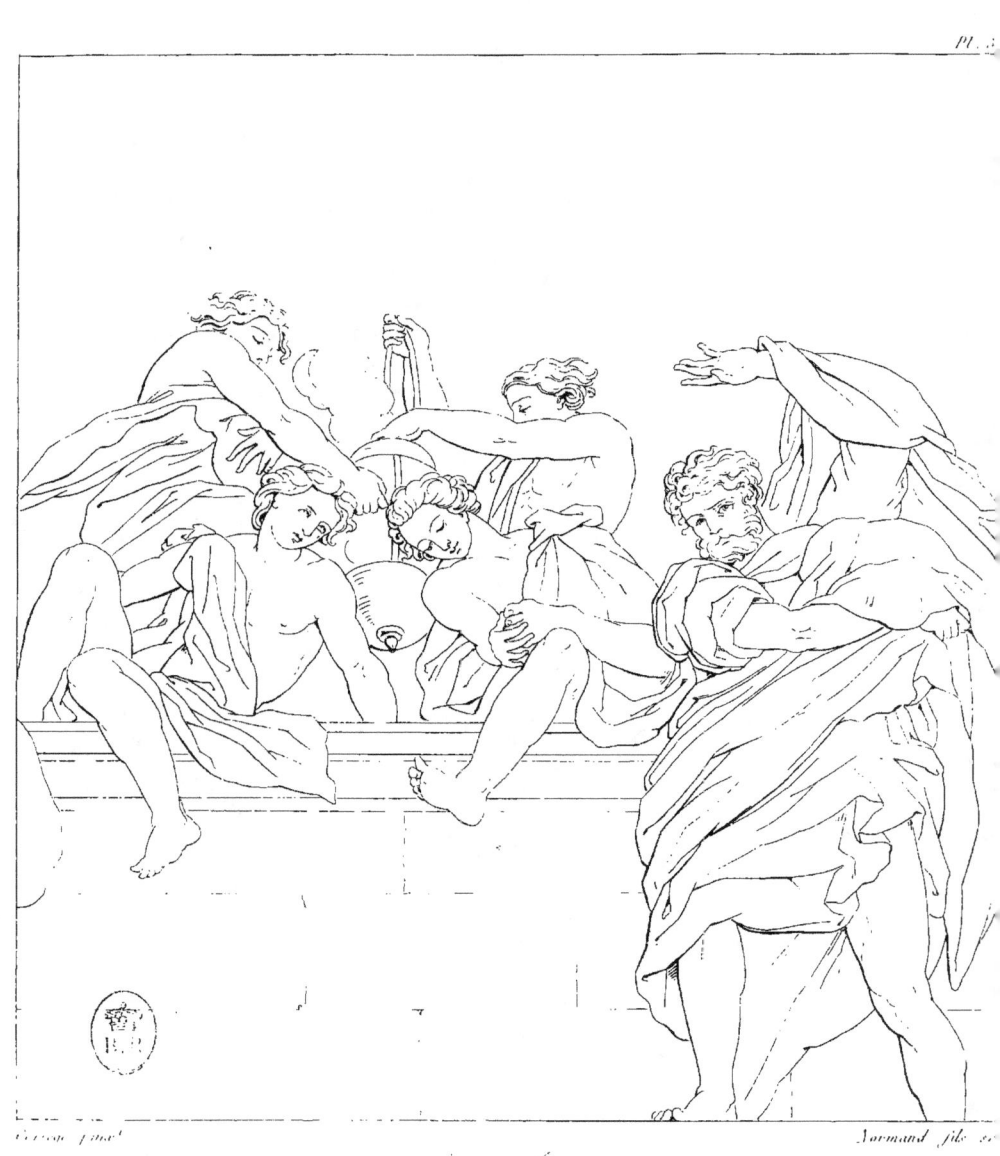

Un Apôtre.

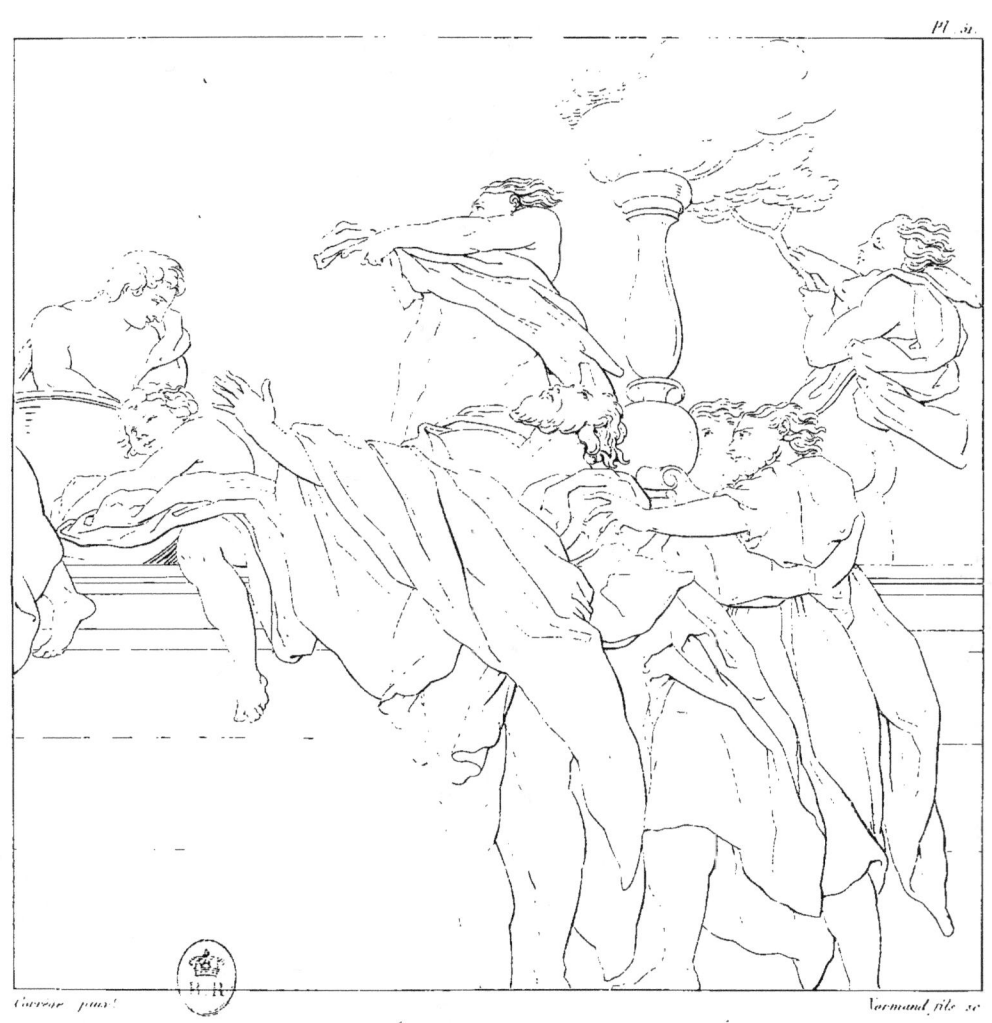

Deux Apôtres.

Premier fragment de la partie supérieure de la Coupole.

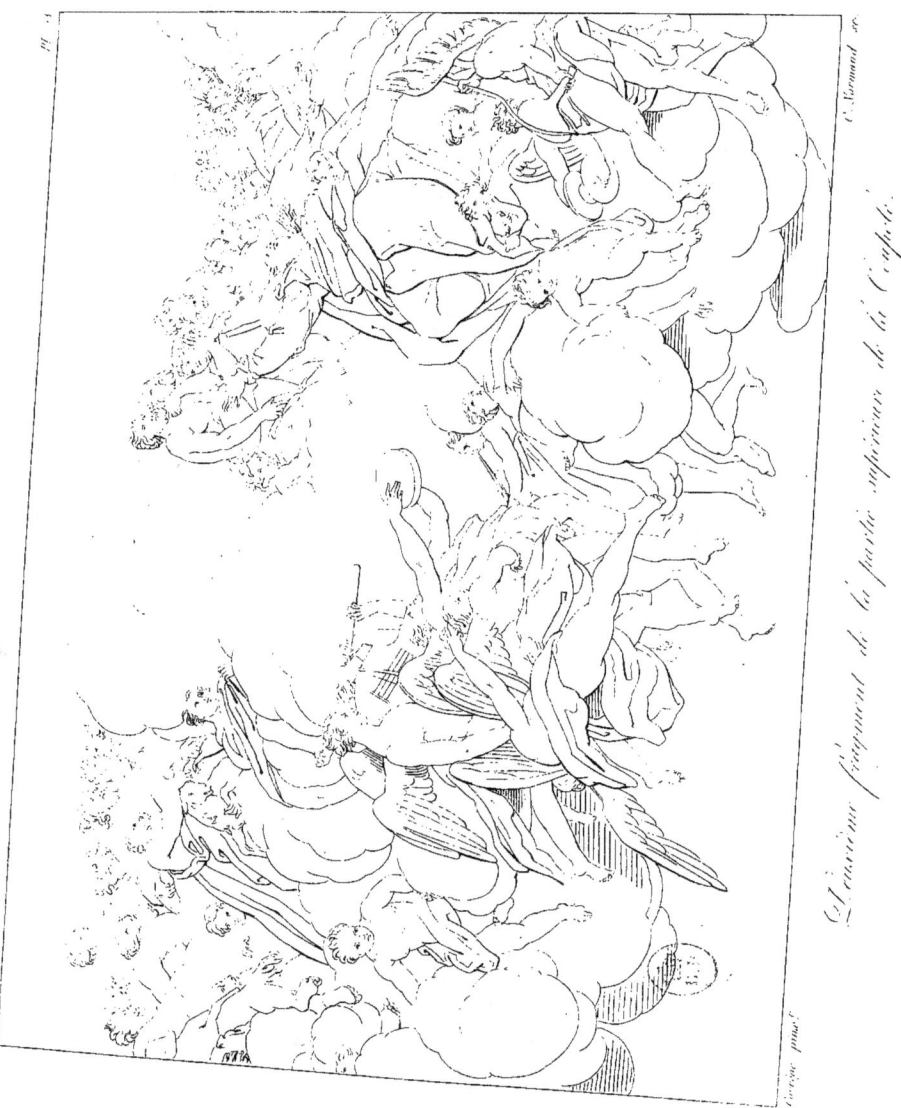

Deuxième fragment de la partie supérieure de la Coupole.

Troisième fragment de la partie supérieure de la Coupole.

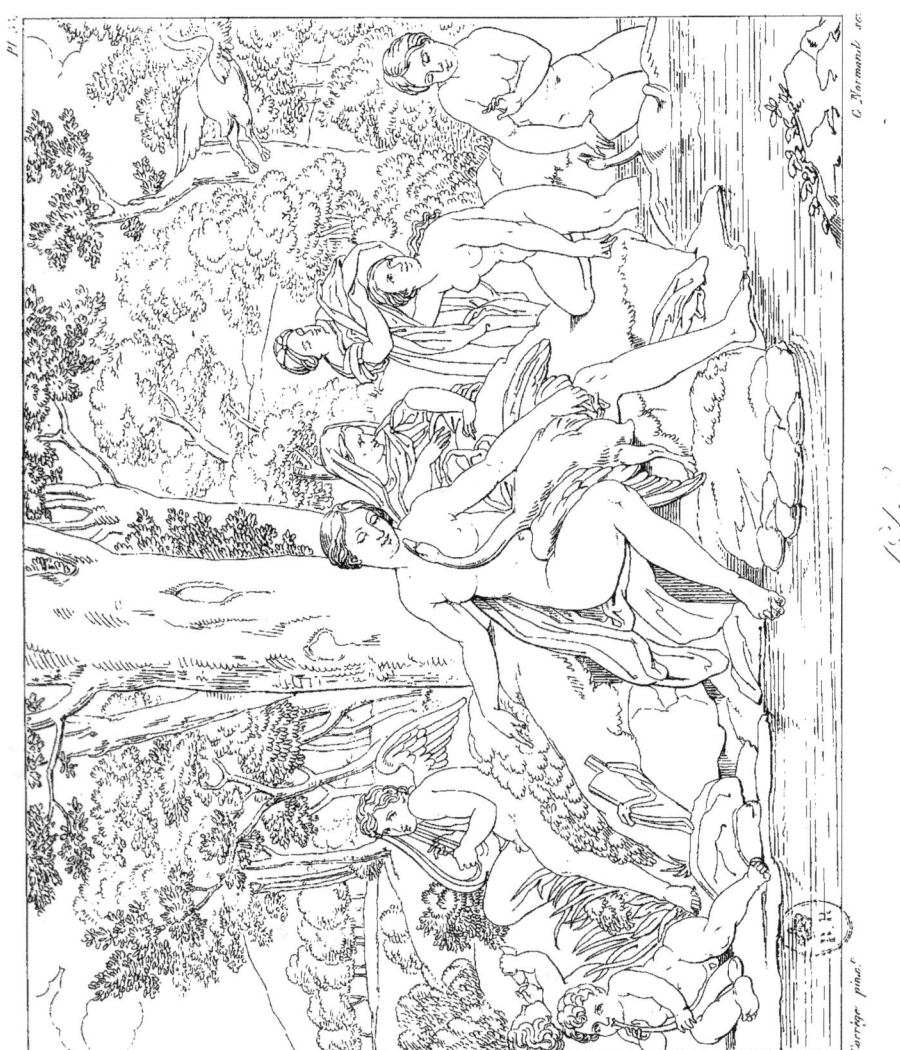

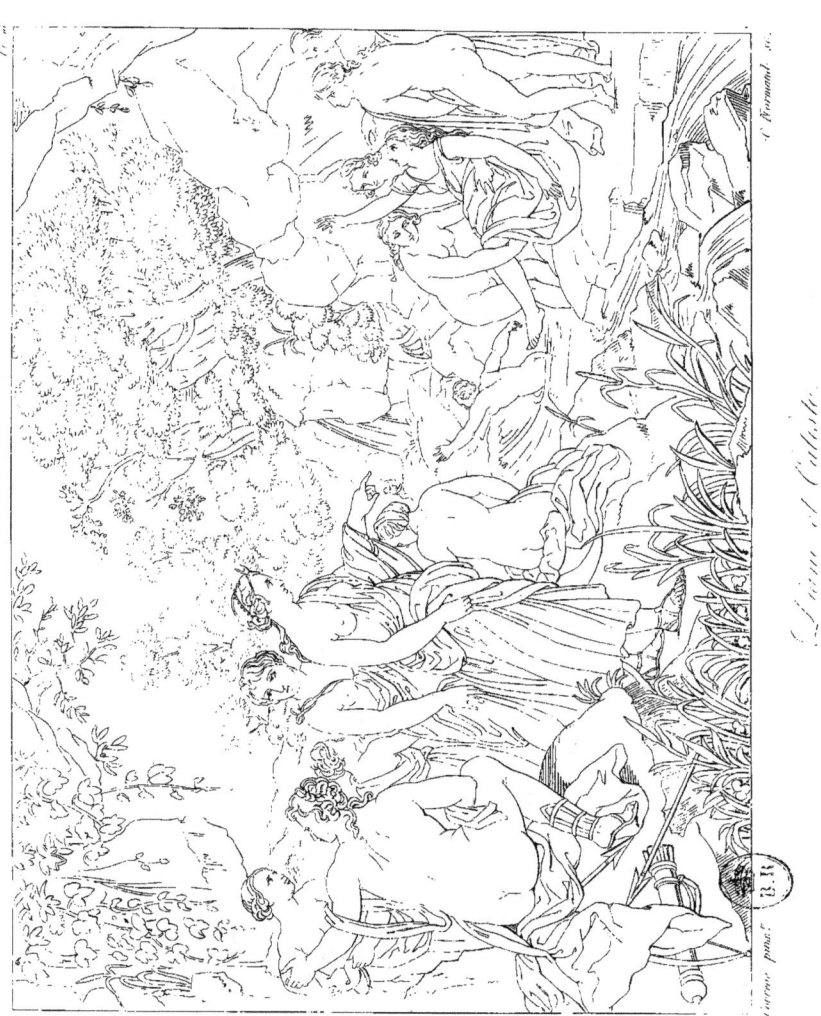

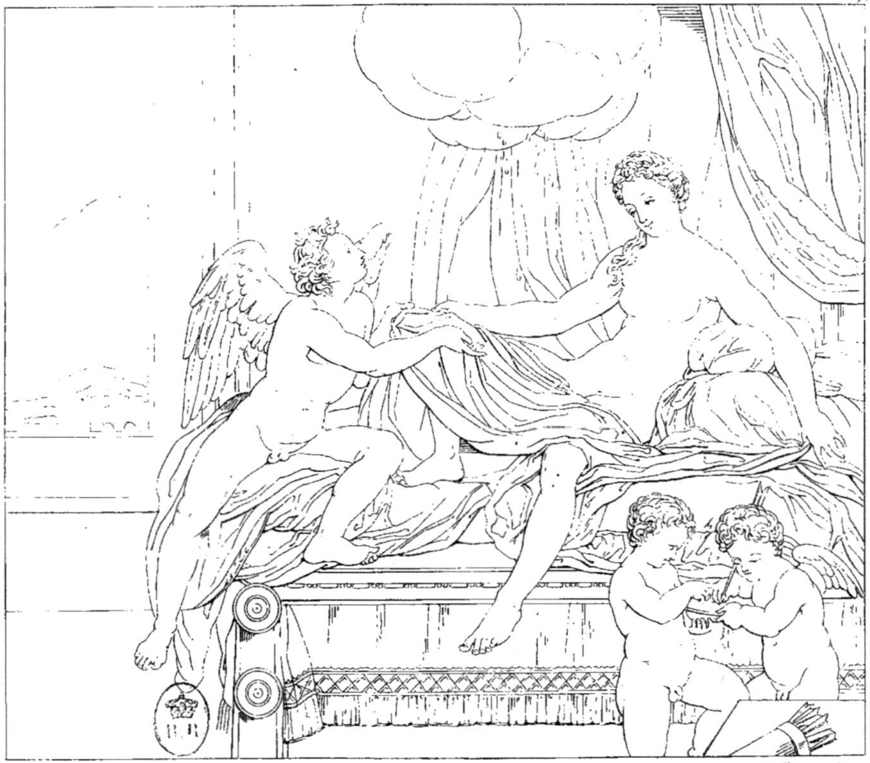

Pl. 37.

Corege pinx.   Fornand sc.

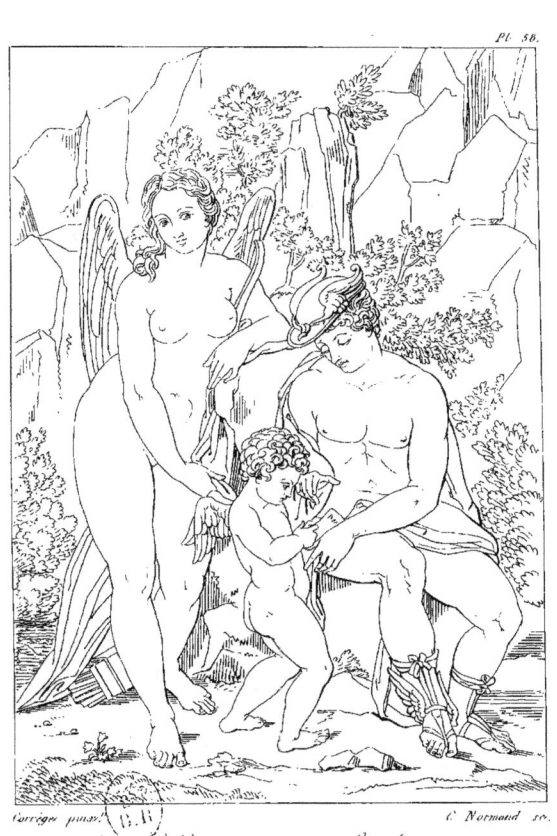

L'Éducation de l'Amour

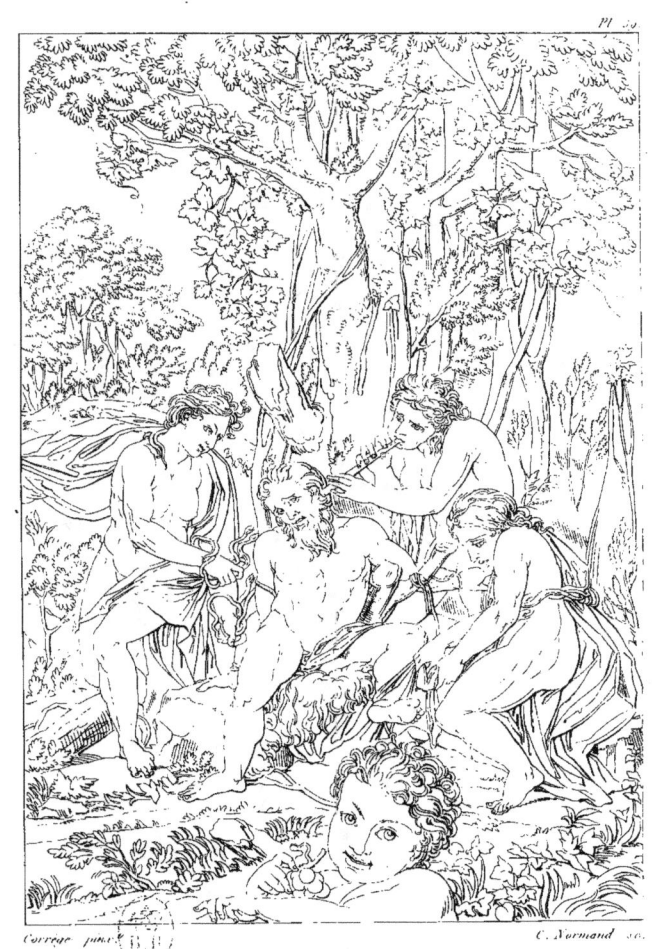

L'homme en proie aux Voluptés.

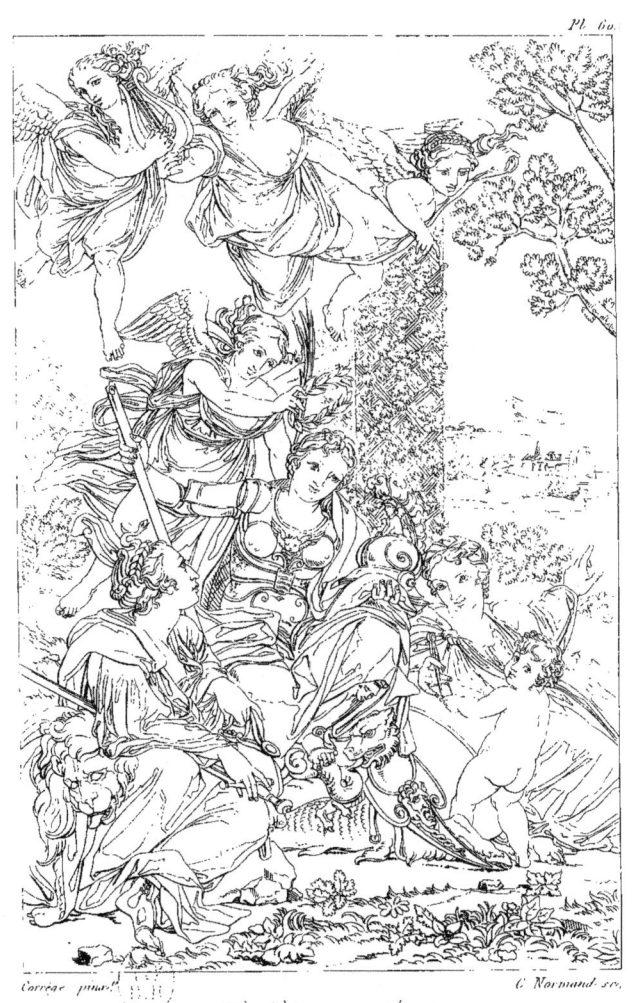

La Vertu héroïque.

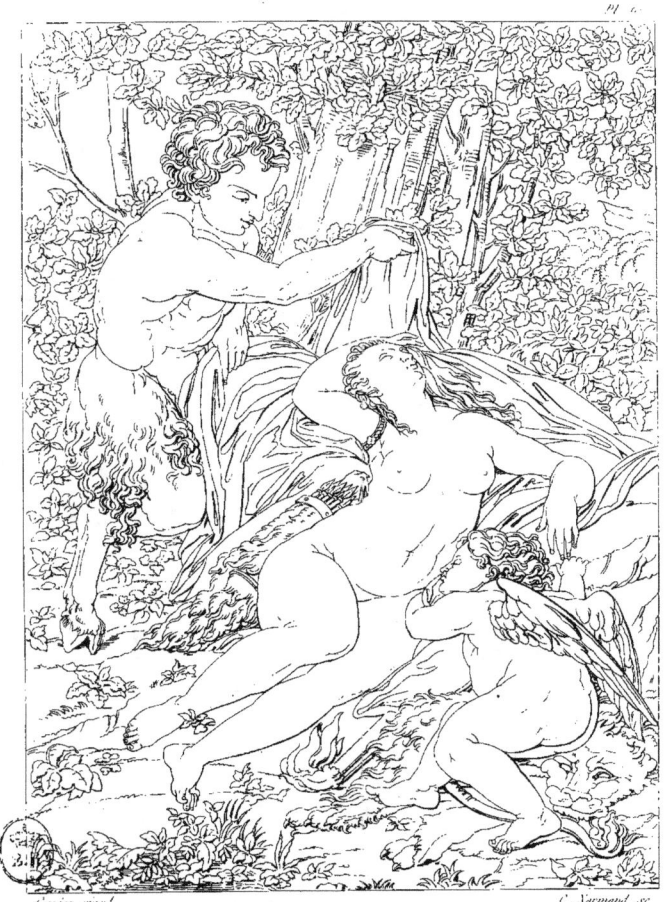

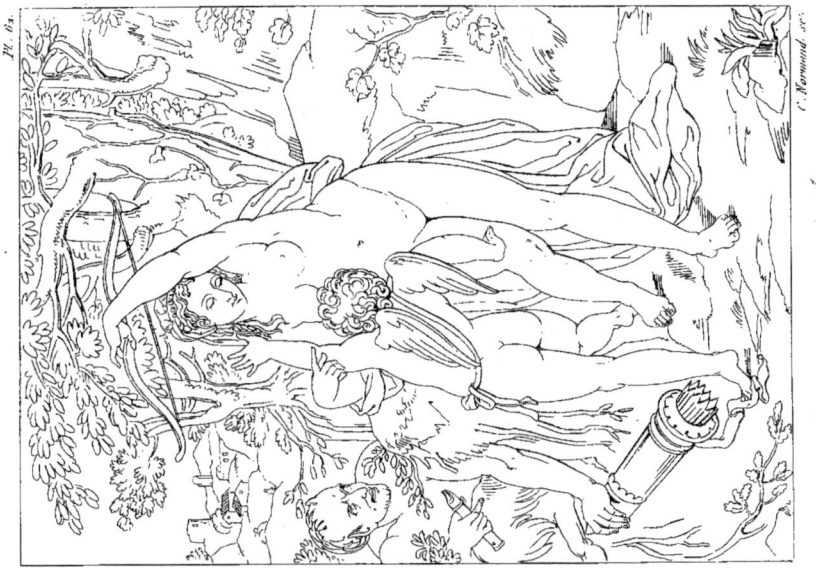

Vénus désarmant l'Amour

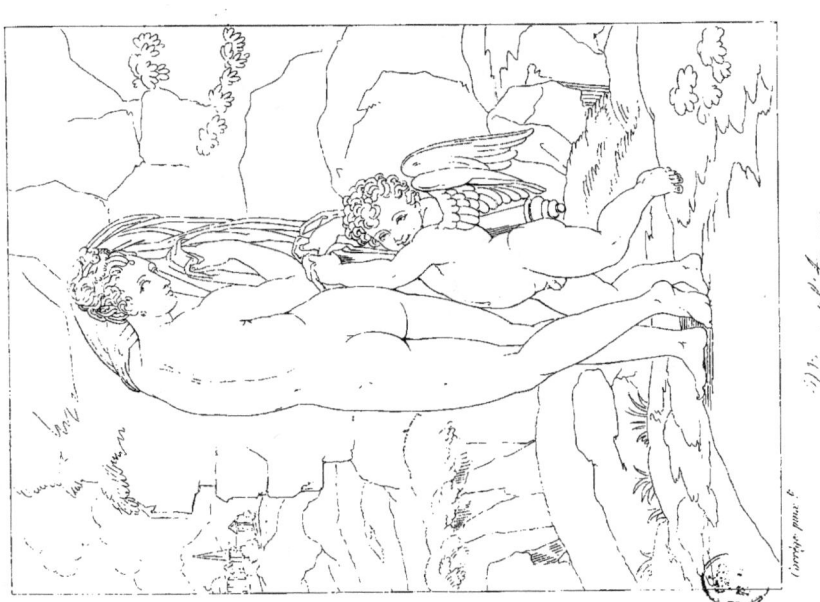

Vénus et l'Amour

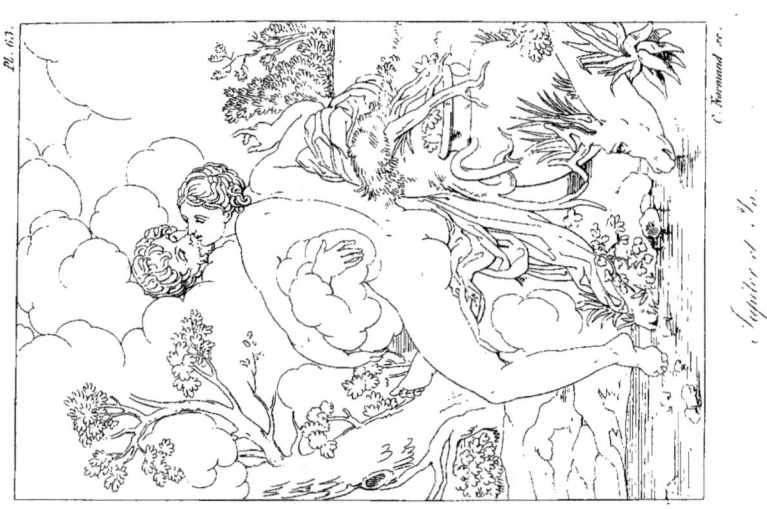

Jupiter et Io.

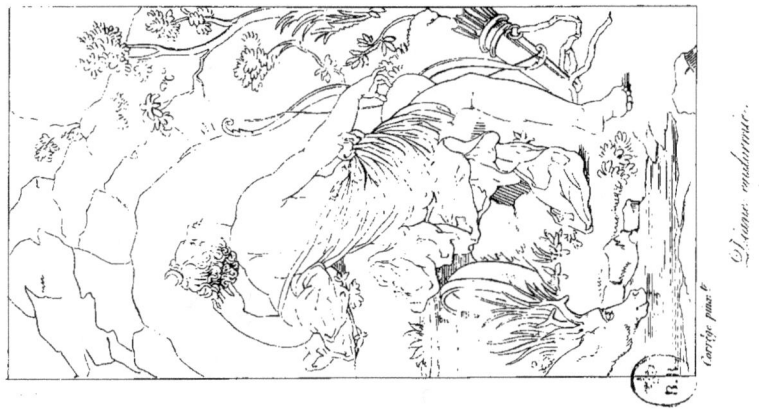

Jeune conducteur.

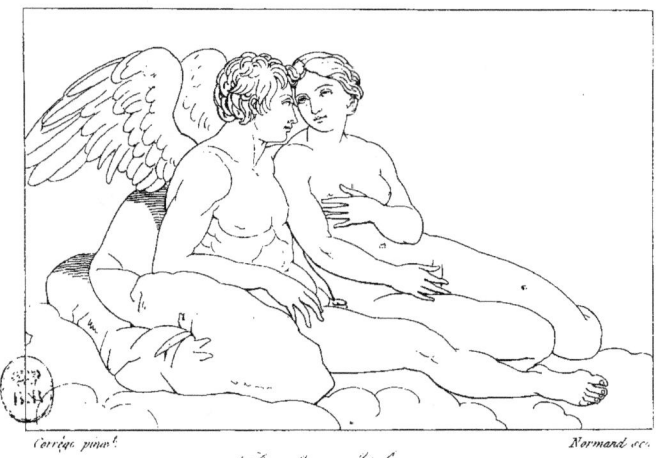

Vénus et l'Amour.

Psyché et l'Amour.

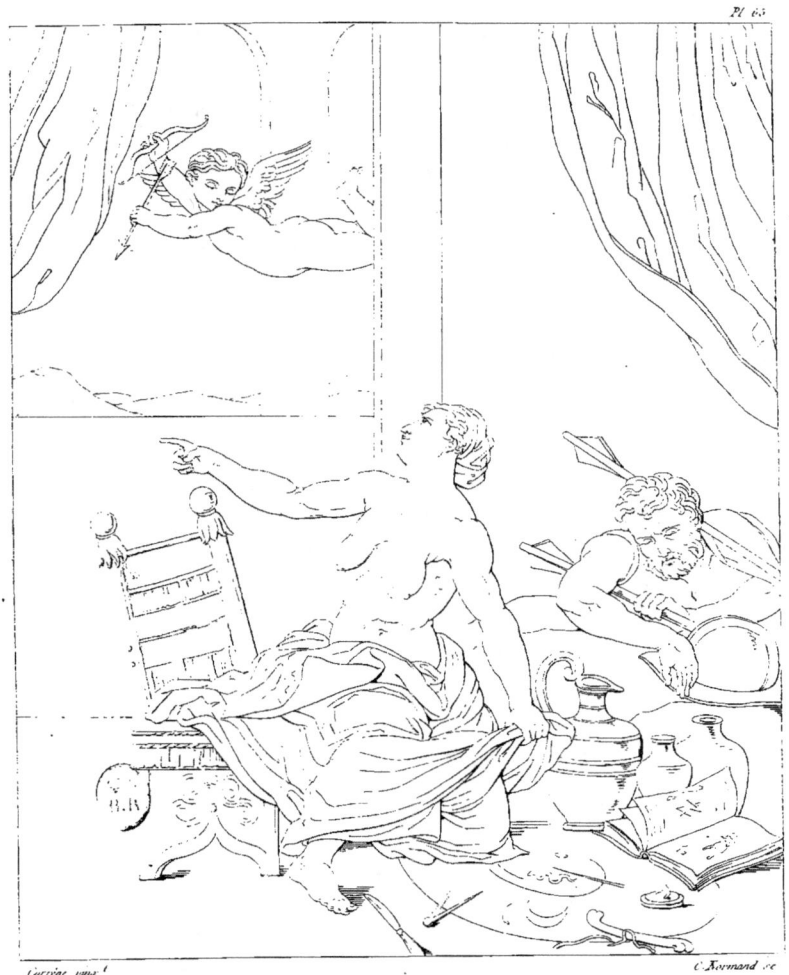

Corrège pinx.t   *C. Normand sc.*

Scène magique.

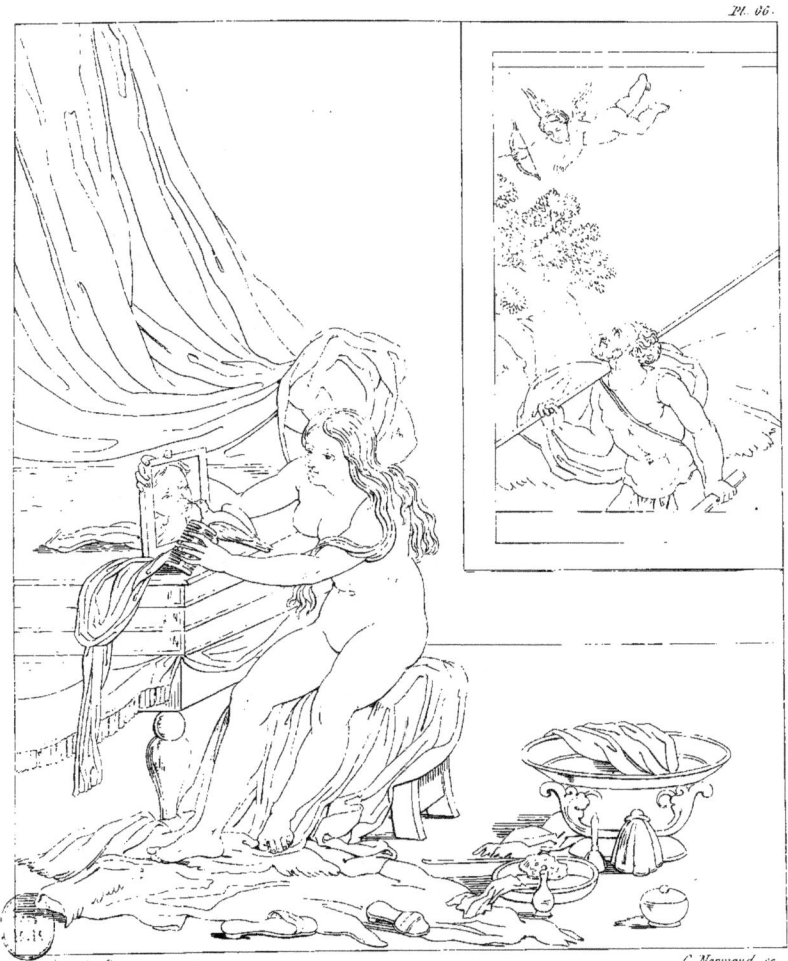

La Toilette de Vénus.

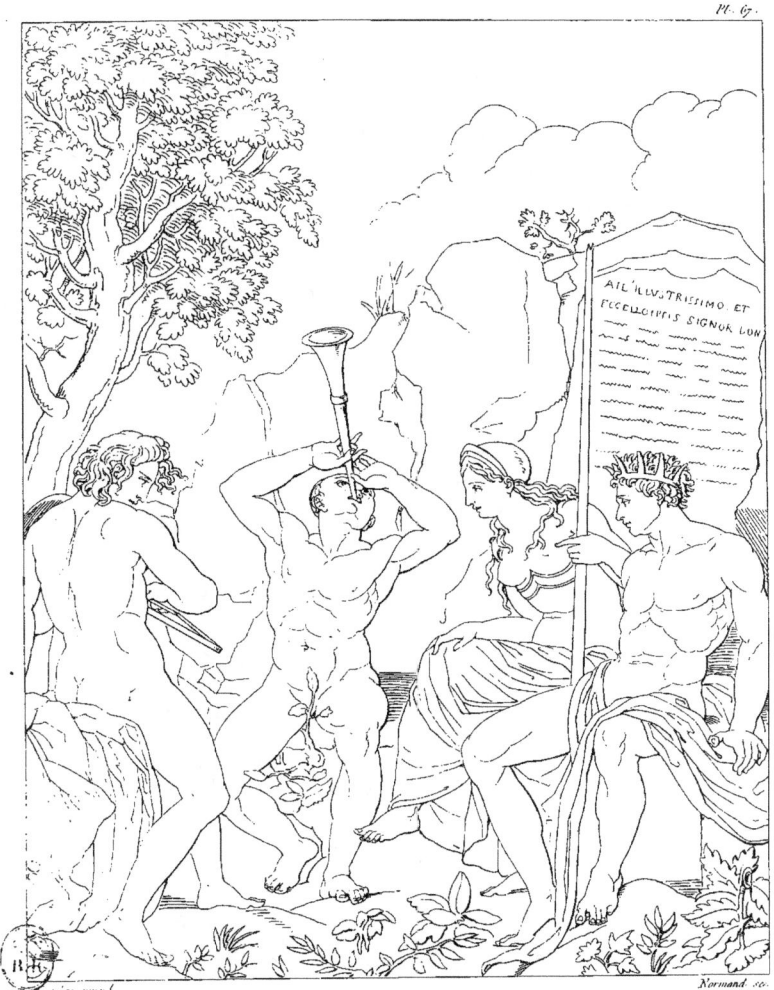

Le jugement de Midas.

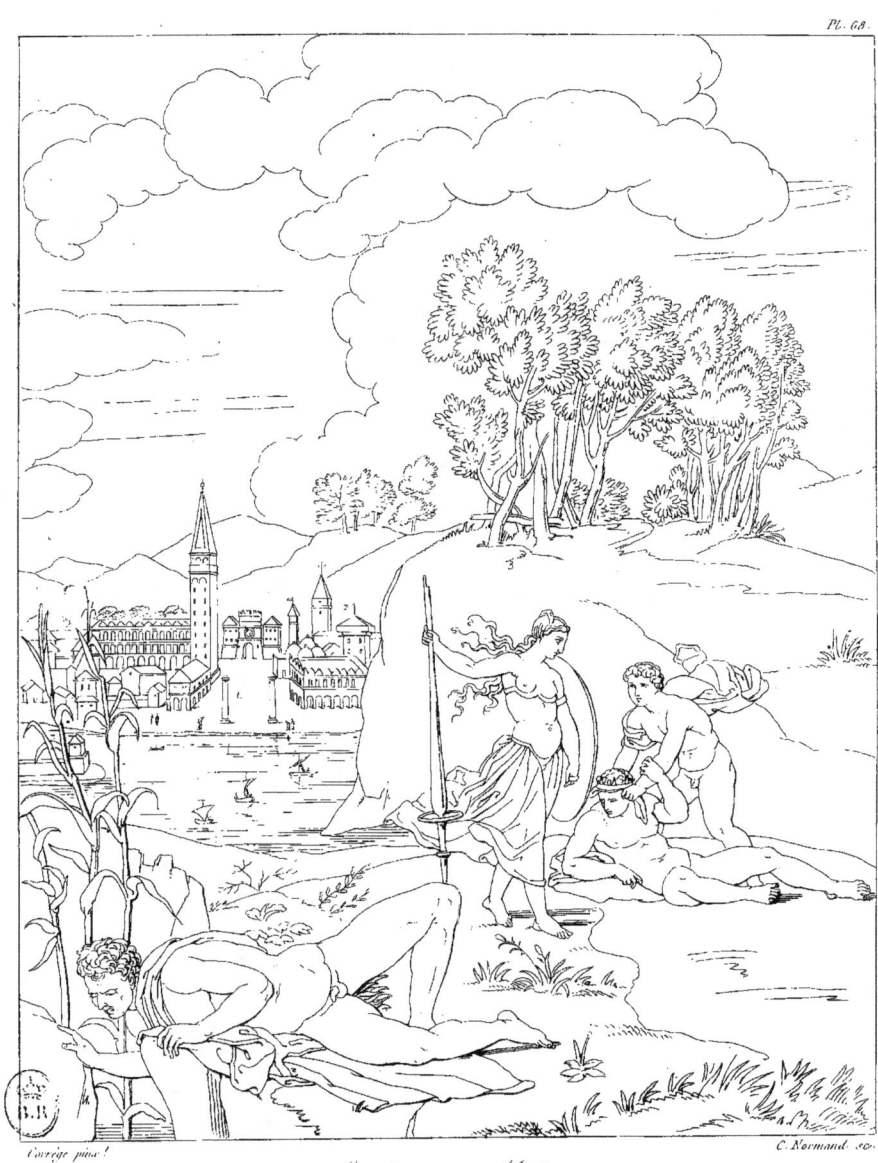

Le Secret de Midas.

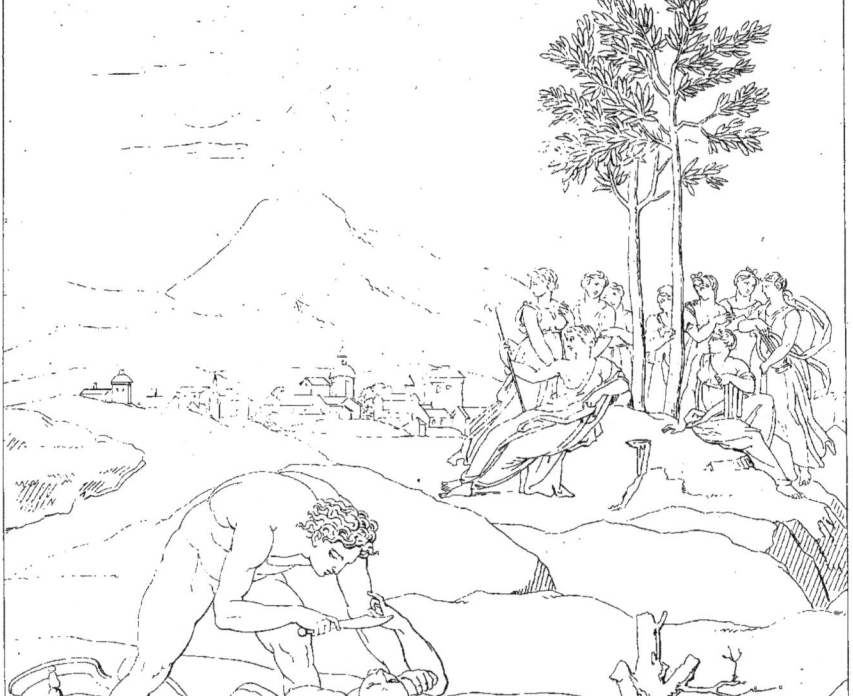

Le Supplice de Marsyas.

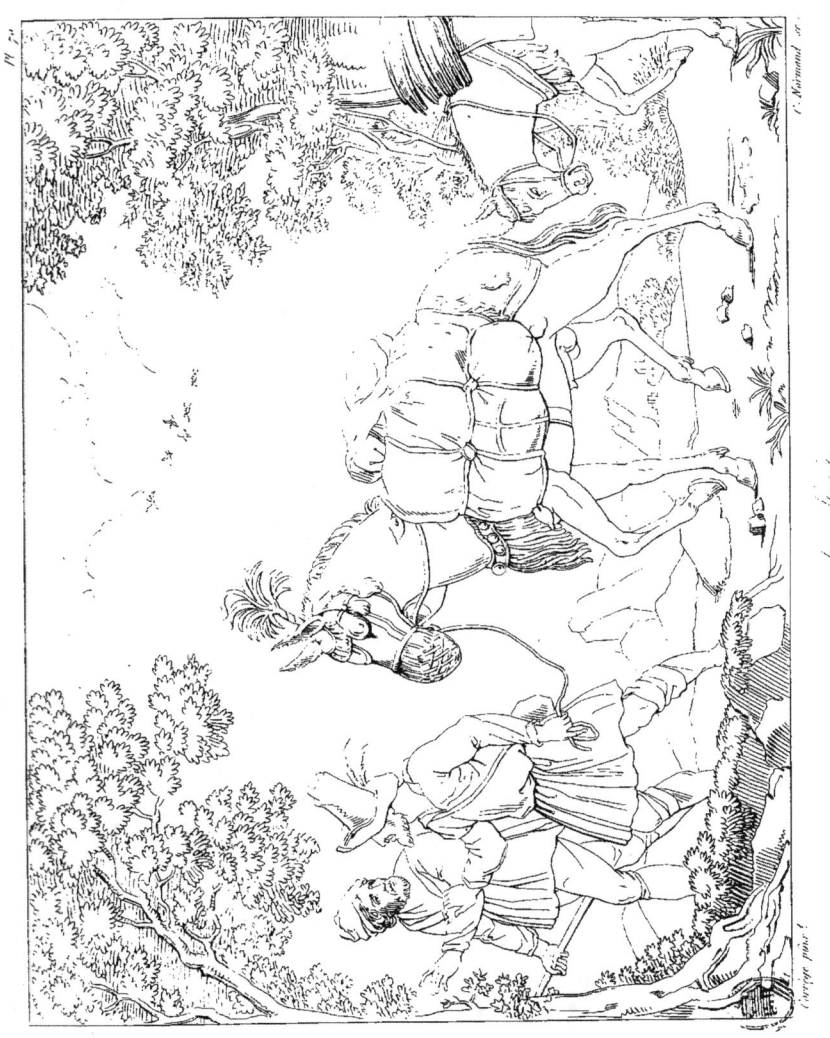

VIE DU PARMESAN.

Né à Parme en 1504, François Mazzuoli ou Mazzuola est plus connu sous le nom de Parmesan. Quelques écrivains le croient élève du Corrége, mais ils sont dans l'erreur. François Mazzuoli était encore enfant lorsqu'il perdit son père; ses deux oncles, qui étaient peintres, prirent soin de son éducation, et secondèrent les heureuses dispositions qu'il manifestait déjà pour un art qui semblait être héréditaire dans sa famille. Le Parmesan dut son avancement rapide à la vivacité et à la facilité d'esprit dont la nature l'avait doué. Un goût naturel le portait à dessiner de lui-même en apprenant à écrire; à l'âge de seize ans, il exécuta à fresque plusieurs morceaux de son invention, et peignit à l'huile un saint Jean, placé à Parme dans l'église de l'Annonciade. Ses premiers tableaux annonçaient plutôt la main d'un maître que les essais d'un écolier.

Le Parmesan alla demeurer chez son cousin Jérôme Mazzuoli, bon peintre, qui dans la suite devint son élève, et ils firent ensemble plusieurs ouvrages. Les troubles du pays les ayant forcés de s'expatrier, ils allèrent à Viadana, dans les États de Mantoue, où François peignit deux tableaux à détrempe, le Mariage de sainte Catherine et les Stygmates de saint François. Cependant, la tranquillité revint dans la ville de Parme, et notre jeune peintre y étant retourné, y donna des preuves d'une capacité consommée. Il n'avait que vingt ans, et se sentant alors attiré à Rome par la haute réputation de Michel-Ange et de Raphaël, il s'y rendit accompagné d'un de ses oncles, et y porta trois tableaux de sa composition, une Vierge avec l'enfant Jésus recevant des fruits de la main d'un ange, une tête de vieillard d'un très-beau fini, et son propre portrait. Clément VII, à qui il présenta ces ouvrages, n'en fut pas moins surpris que toute sa cour, et ils lui méritèrent l'affection de ce pontife, qui voulut avoir un tableau de sa main. Le Parmesan peignit une Circoncision; ce morceau fut regardé comme un chef-d'œuvre.

Les ouvrages des deux maîtres qu'il affectionnait le plus, Michel-Ange et Raphaël, lui donnèrent une si grande manière, à laquelle il joignit quelque chose de celle du Corrége, qu'elle a servi de modèle à un grand nombre de peintres; elle était tellement en faveur, qu'on disait même à Rome, ainsi que le rapporte Vasari, que l'esprit de Raphaël avait passé dans la personne du Parmesan. Il était si appliqué à son travail, que pendant le sac de Rome, en 1527, il peignait avec une entière sécurité : les soldats espagnols qui s'introduisirent chez lui en furent frappés, et le laissèrent continuer. Il ne lui en coûta que quelques dessins pour l'un d'entre eux qui aimait la peinture. Mais ceux-ci furent suivis de quelques autres qui le firent prisonnier, et le dépouillèrent de tout ce qu'il possédait. Protogènes s'était trouvé à Rhodes dans de pareilles circonstances; mais il avait été plus heureux.

Un des oncles du Parmesan, qui se trouvait alors à Rome, l'engagea à retourner à Parme. Mais avant de s'y rendre, il s'arrêta à Bologne, où il exécuta plusieurs tableaux d'autel et un grand nombre de dessins, qu'il fit graver en clair-obscur par Antoine de Trente. Cette manière nouvelle, qu'il avait vu pratiquer à Rome, au moyen de plusieurs planches gravées en bois, successivement et séparément imprimées sur la même feuille de papier, imitait à s'y méprendre l'effet de dessins lavés et rehaussés de blanc. Il grava lui-même quelques-uns de ses dessins à l'eau-forte, et il eût voulu ne faire autre chose, tant il avait pris goût à ce genre d'occupation.

Ce fut à Bologne qu'il eut occasion de voir Charles-Quint, et d'assister à son couronnement, dont la cérémonie fut faite par Clément VII. Le Parmesan observa si bien l'empereur pendant son repas, qu'étant rentré chez lui, il en fit un tableau fort ressemblant. Charles-Quint était accompagné d'une Renommée qui lui mettait sur la tête une couronne de laurier, et il avait près de lui un enfant qui, sous les traits d'un jeune Hercule, lui présentait un globe faisant allusion à l'empire du monde. Le pape, surpris de la ressemblance du portrait, fit accompagner l'artiste par un évêque, qui le conduisit à l'empereur, à qui il présenta son ouvrage. Charles-Quint en fut satisfait, et voulait le garder; mais le Parmesan lui ayant fait observer que le tableau n'était pas entièrement terminé, il se priva, par sa bonne foi et sa modestie, d'une récompense qui, probablement, eût été digne du prince et de l'artiste.

De retour à Parme, il fut choisi pour peindre à fresque la voûte et la grande arcade de la *Madona della Steccata*, ouvrage considérable qui devait l'occuper pendant plusieurs années. Pour se délasser, il prenait plaisir à graver à l'eau-forte de petits sujets. Un graveur allemand qu'il avait dans sa maison, lui vola pendant qu'il dormait toutes ses planches et ses dessins; cette perte lui fut sensible, mais, quelque temps après, il recouvra ses planches.

Le Parmesan aurait dû être fort heureux, mais il fut peu récompensé de ses travaux; et, pour comble d'infortune, la chimie, ou plutôt l'alchimie, fut cause de sa ruine, au lieu de contribuer à sa fortune, comme il s'en était flatté. Il se livra à cette illusion avec tant d'ardeur, qu'il négligea la peinture, et abandonna la coupole *della Steccata*. La confrérie de cette église, qui lui avait avancé une somme considérable, le poursuivit en justice. Il s'enfuit à *Cazal Maggiore*, où il se remit de nouveau à ses expériences chimiques. La vapeur du charbon et le mauvais état de ses affaires achevèrent d'altérer sa santé, et le plongèrent dans la mélancolie. Le peu de soin qu'il prenait de sa barbe et de ses cheveux en avait fait une figure de sauvage. Enfin, la fièvre l'emporta dans cet état misérable, en 1540. Le Parmesan n'a vécu que trente-six ans; il avait lui-même ordonné sa sépulture à un mille de la ville, dans l'église *della Fontana* des Pères Servites.

La manière du Parmesan est gracieuse; il inventait facilement; mais il songeait moins à remplir ses compositions d'objets convenables, et à soigner l'expression de ses figures, qu'à les dessiner d'un caractère svelte et élégant. Ses pensées sont peu élevées; on pourrait même dire que la grâce qui brille en ses ouvrages est superficielle; néanmoins, elle ne laisse pas de surprendre et de charmer les yeux.

Ce peintre paraît avoir peu consulté la nature, et c'est pour cette raison qu'on remarque peu de variété dans ses ouvrages. Son goût de dessin, quoique savant, est maniéré. Il affectait de faire les extrémités délicates et un peu grêles; ses attitudes sont nobles, ses airs de tête gracieux, ses draperies légères; il en a fait de volantes qui donnent beaucoup de mouvement à ses figures, mais elles ne sont pas toujours suffisamment motivées; comme les plis sont en petit nombre, elles donnent un air grandiose aux parties qu'elles couvrent. Le clair-obscur du Parmesan est assez large; sa couleur locale est commune et peu étudiée.

Malgré son extrême facilité, ce peintre n'a pas fait un très-grand nombre de tableaux; il a employé la plus grande partie de son temps à faire des dessins et à graver à l'eau-forte. On a beaucoup gravé d'après lui.

Ses principaux tableaux à Parme sont dans l'église de l'Annonciade, à Saint-Jean des Bénédictins, au Saint-Sépulcre, à la *Madona della Steccata*.

A Rome, dans le palais du Vatican, et à *Saint-Salvator in lauro*.

A Bologne, dans l'église de San-Petronio, et aux religieuses de Sainte-Marguerite.

Plusieurs autres tableaux à *Cazal Maggiore*.

A Viadana, dans le duché de Mantoue.

Dans la galerie du duc de Modène.

Dans celle du duc de Parme.

A Dusseldorf, dans la galerie de l'électeur palatin : le roi de France possède deux tableaux de ce maître. On voyait, dans l'ancienne collection du Palais-Royal, le Mariage de sainte Catherine, deux tableaux de sainte Famille, et l'Amour taillant un arc.

Les élèves du Parmesan sont : Jérôme Mazzuoli, son cousin, et Caccianemici, gentilhomme bolonais.

Le nombre des estampes gravées par divers artistes d'après le Parmesan, tant sur cuivre que sur bois et en clair-obscur, se monte à près de six cents morceaux.

TABLE DES PLANCHES

DE L'OEUVRE

DU PARMESAN.

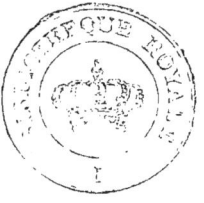

SUJETS DE PIÉTÉ.

Planche première. Le Mariage de la Vierge.
Pl. 2. L'Adoration des Bergers.
Pl. 3. L'Adoration des Bergers.
Pl. 4. L'Adoration des Mages.
Pl. 5. Le Repos en Égypte.
Pl. 6. La Vierge, l'enfant Jésus et saint Jean.
Pl. 7. La sainte Famille.
Pl. 8. La sainte Famille.
Pl. 9. La sainte Famille.
Pl. 10. 1. La Vierge et l'enfant Jésus. 2. La Vierge, l'enfant Jésus et deux Anges.
Pl. 11. 1. La Vierge et l'enfant Jésus. 2. La Vierge et l'enfant Jésus.
Pl. 12. 1. La Vierge et l'enfant Jésus. 2. La Vierge et l'enfant Jésus.
Pl. 13. 1. La Vierge et l'enfant Jésus. 2. La Vierge et l'enfant Jésus.
Pl. 14. 1. L'Éducation de l'enfant Jésus. 2. Saint Jean-Baptiste.
Pl. 15. 1. La sainte Famille. 2. Ecce Homo.
Pl. 16. La Résurrection de N. S.
Pl. 17. La Résurrection de N. S.
Pl. 18. Les Apôtres visitant le tombeau de la Vierge.

Pl. 19. 1. Saint André. 2. Saint Pierre.
Pl. 20. 1. Saint Thomas. 2. Saint Jean Évangéliste.
Pl. 21. 1. Saint Paul. 2. Saint Jacques majeur.
Pl. 22. 1. Saint Jacques mineur. 2. Saint Philippe.
Pl. 23. 1. Saint Mathieu. 2. Saint Barthélemy.
Pl. 24. 1. Saint Jean-Baptiste. 2. Saint Simon.
Pl. 25. La Vierge, l'enfant Jésus, saint Jean-Baptiste et saint Jérôme.
Pl. 26. La Vierge, l'enfant Jésus, saint Sébastien et saint Dominique.
Pl. 27. Le Mariage de sainte Catherine.
Pl. 28. Saint Roch.
Pl. 29. Sujet inconnu.
Pl. 30. Sujet inconnu.
Pl. 31. Sujet douteux. On présume qu'il représente saint Nicolas qui, désirant voir établir les vierges, profitait de leur sommeil pour leur envoyer des pommes d'or qui leur servaient de dot.
Pl. 32. Sujet inconnu.
Pl. 33. Divers épisodes de l'histoire de Moïse.

SUJETS HISTORIQUES ET MYTHOLOGIQUES.

Pl. 34. Stratagème de Camille.
Pl. 35. Sujet inconnu.
Pl. 36. La Charité romaine.
Pl. 37. 1. Lucrèce. 2. Proserpine changeant Ascalaphe en hibou.
Pl. 38. 1. La Pudeur. 2. Diane chasseresse.
Pl. 39. 1. Léda. 2. Diane chasseresse.
Pl. 40. Circé.
Pl. 41. Circé.
Pl. 42. Mercure et Minerve.
Pl. 43. Persée épouse Andromède.

Pl. 44. Mars et Vénus.
Pl. 45. Sujet d'une églogue de Virgile.
Pl. 46. Jupiter et Antiope.
Pl. 47. 1. L'Amour taillant son arc. 2. Ganimède.
Pl. 48. Trois Amours.
Pl. 49. Vénus sur les eaux.
Pl. 50. Les Parques.
Pl. 51. Thésée retrouve les armes de son père.
Pl. 52. Tritons et Néréides.
Pl. 53. Diane conduisant des chiens en laisse.

FIN DE LA TABLE DES PLANCHES DE L'OEUVRE DU PARMESAN.

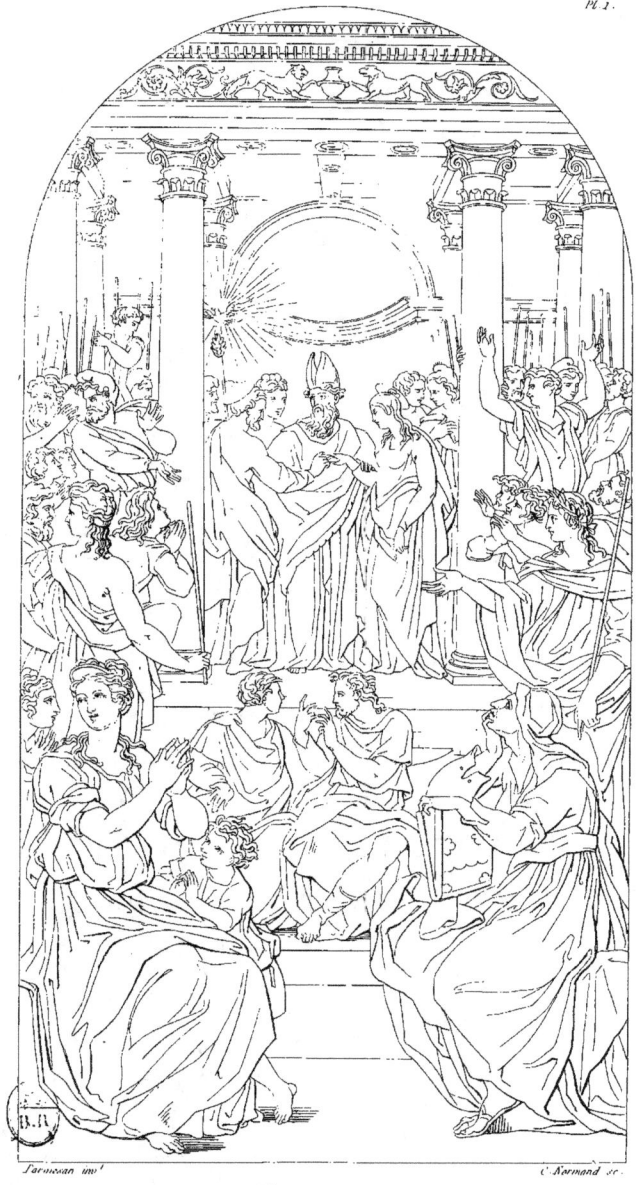

Le Mariage de la Vierge.

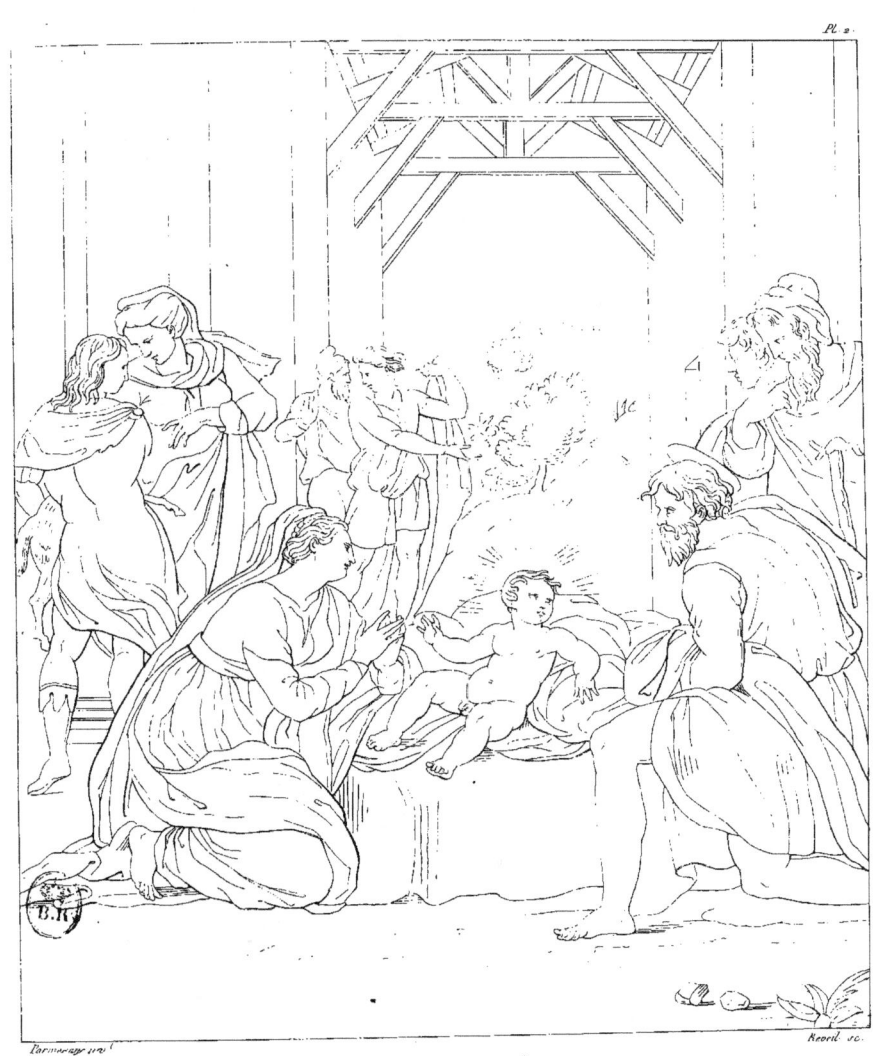

L'Adoration des Bergers.

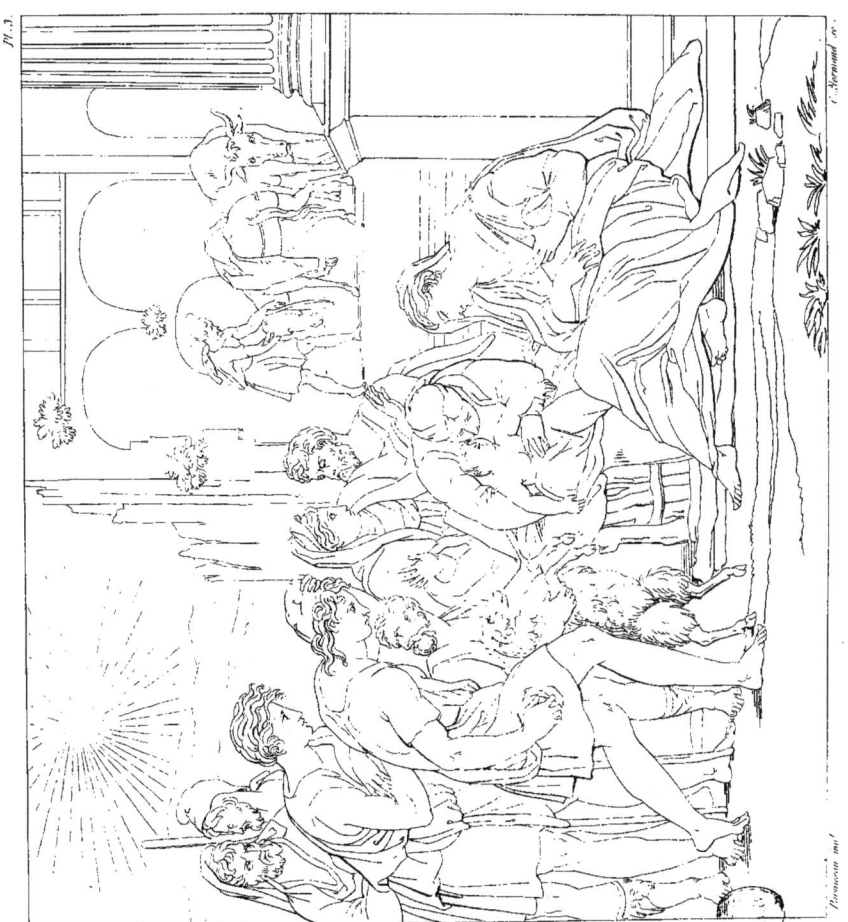

L'Adoration des Bergers.

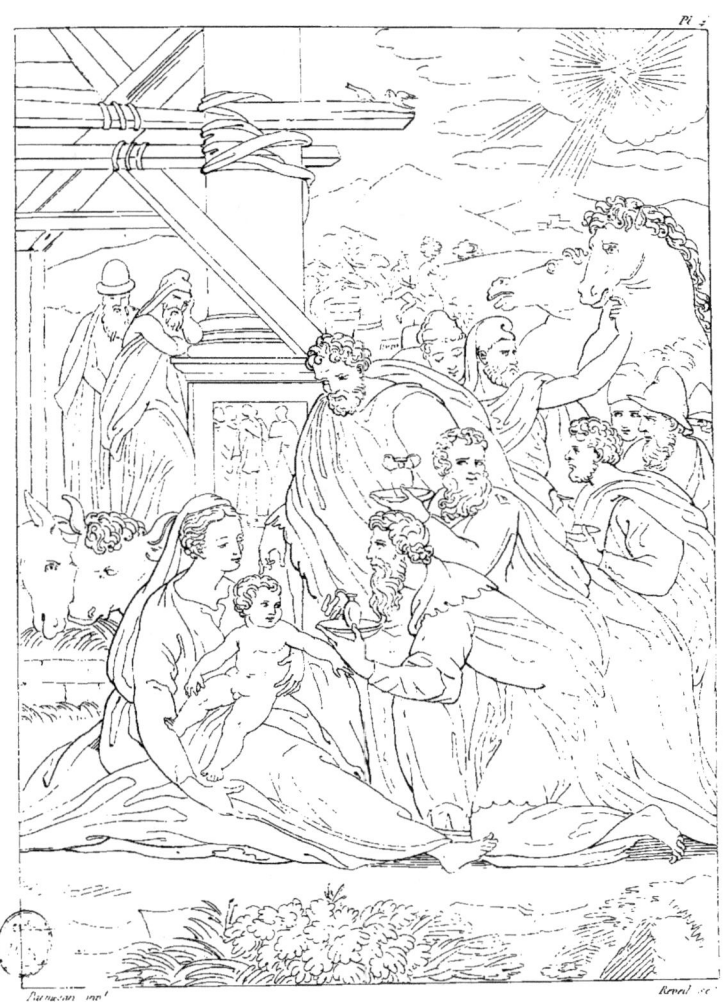

L'Adoration des Mages.

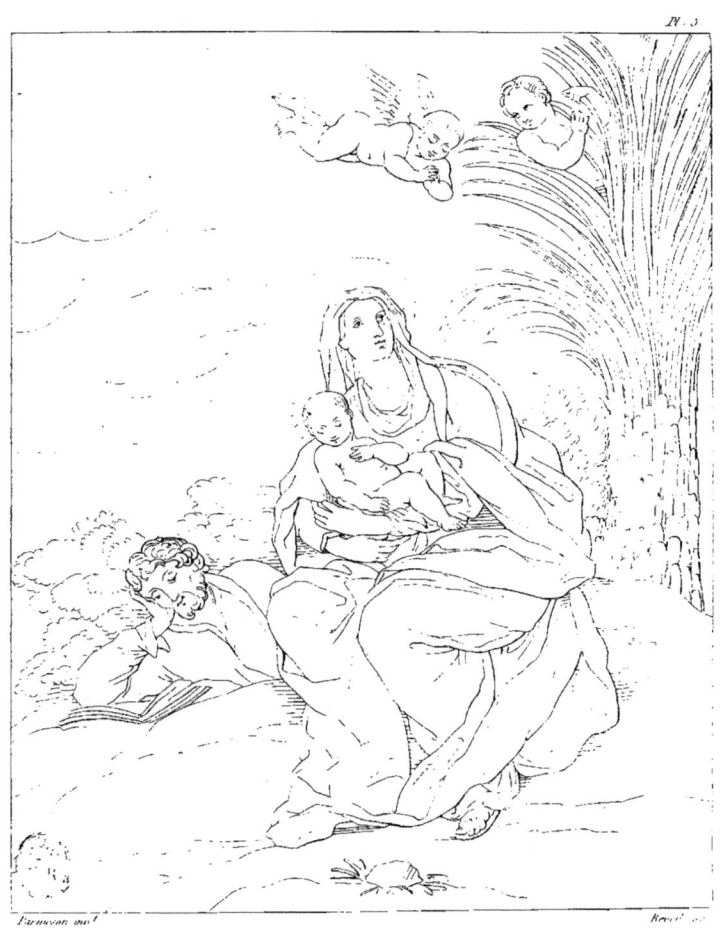

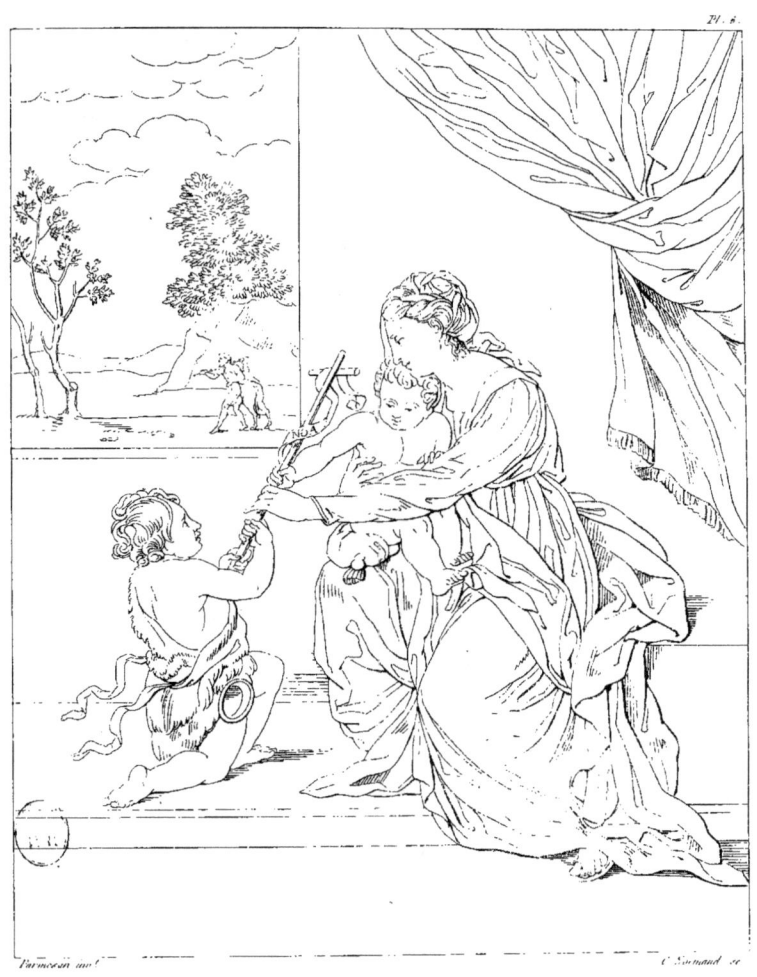

La Vierge, l'Enfant Jésus et St. Jean.

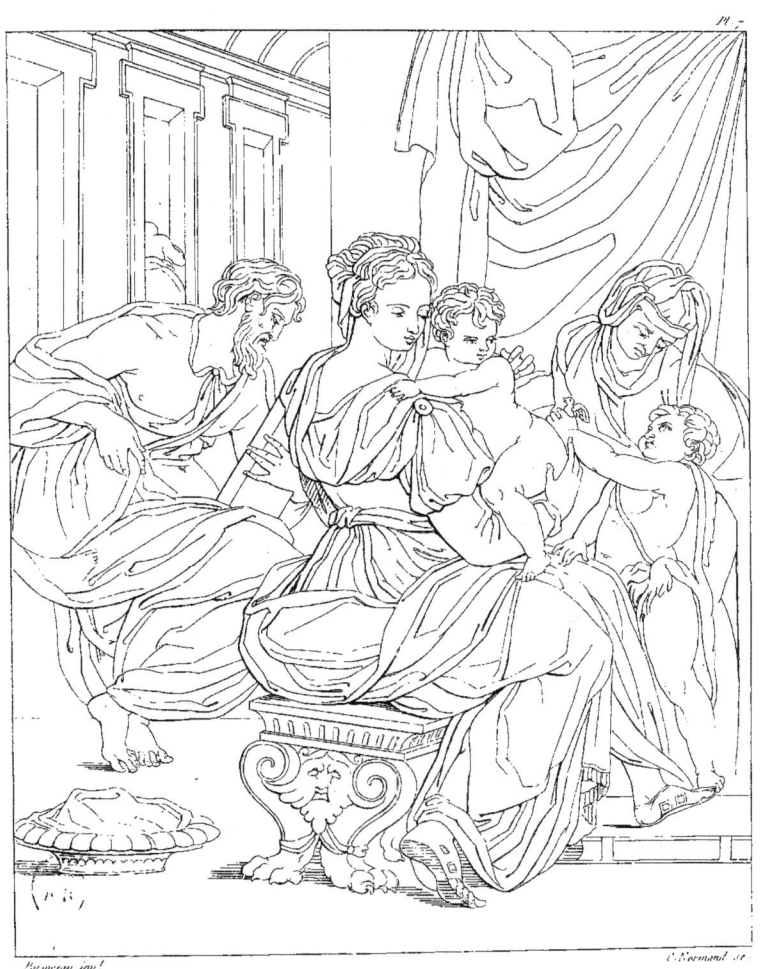

La Ste. Famille.

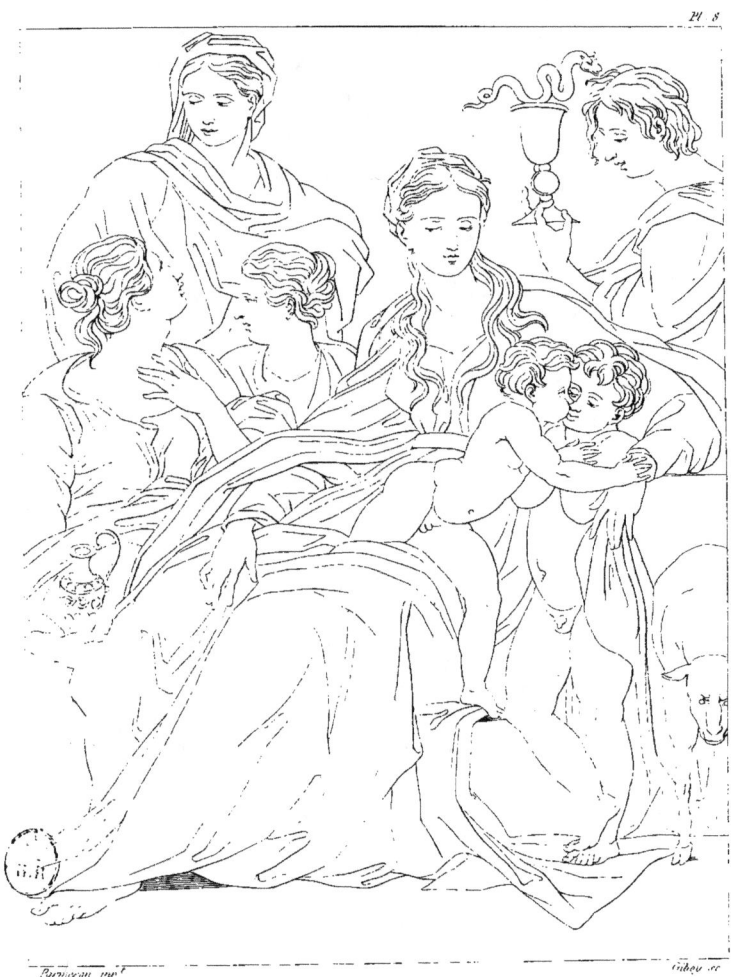

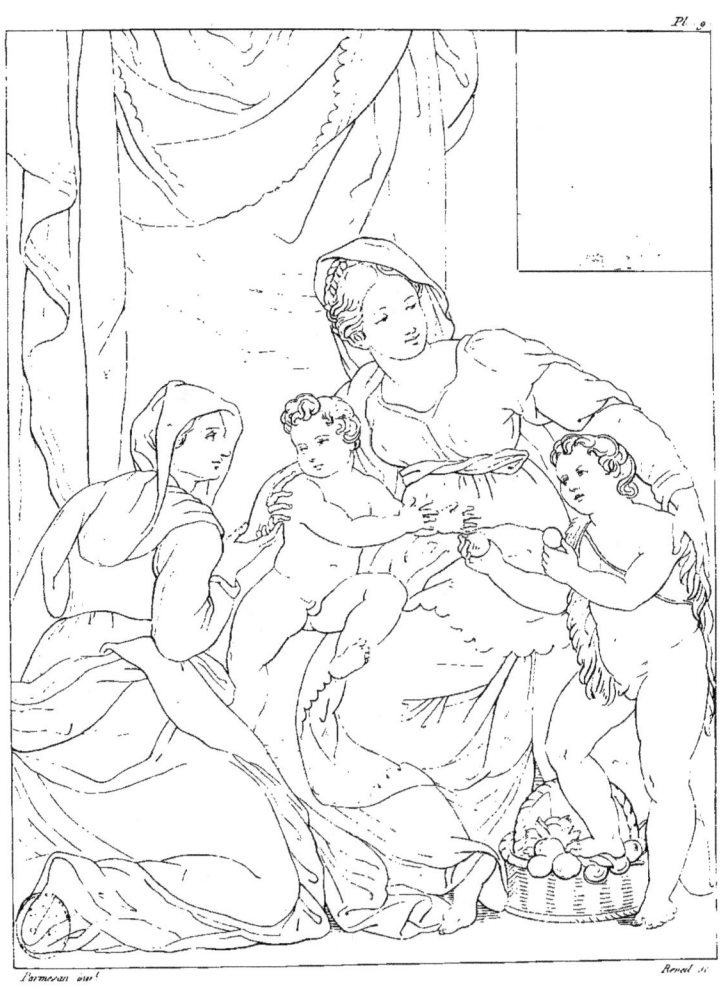

La Ste Famille.

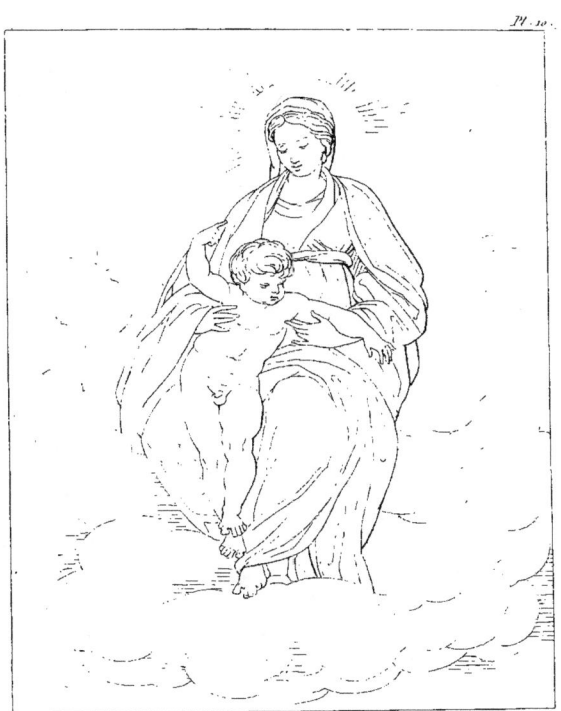

La Vierge et l'Enfant Jésus.

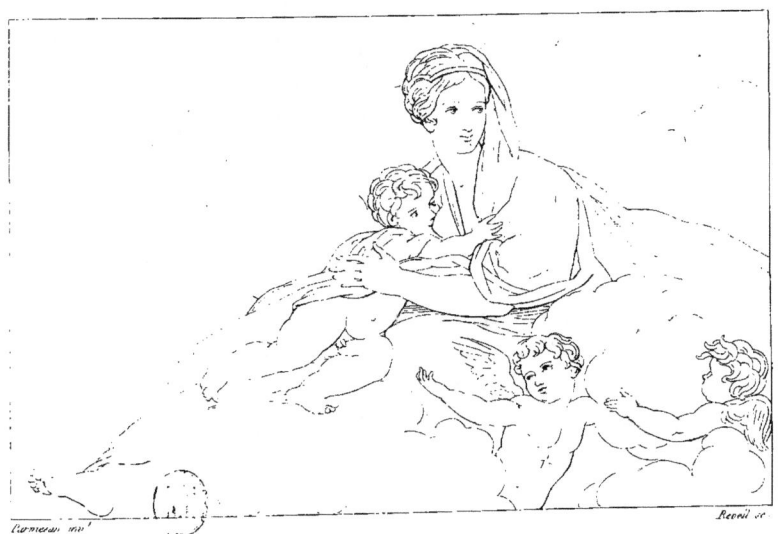

La Vierge et l'Enfant Jésus.

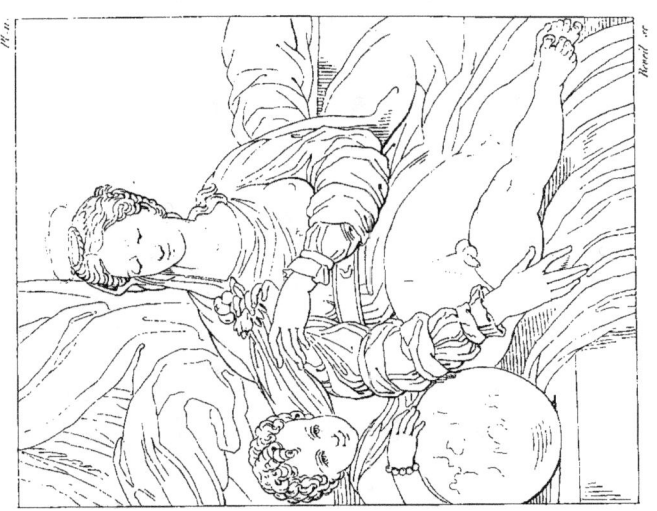

La Vierge et l'Enfant Jésus.

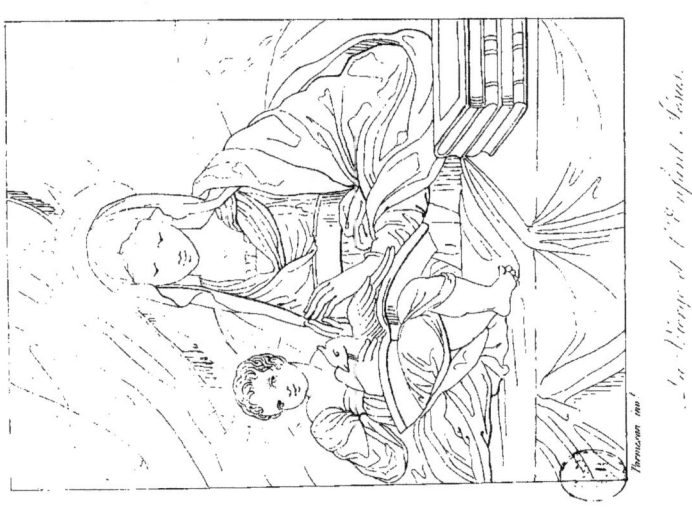

La Vierge et l'Enfant Jésus.

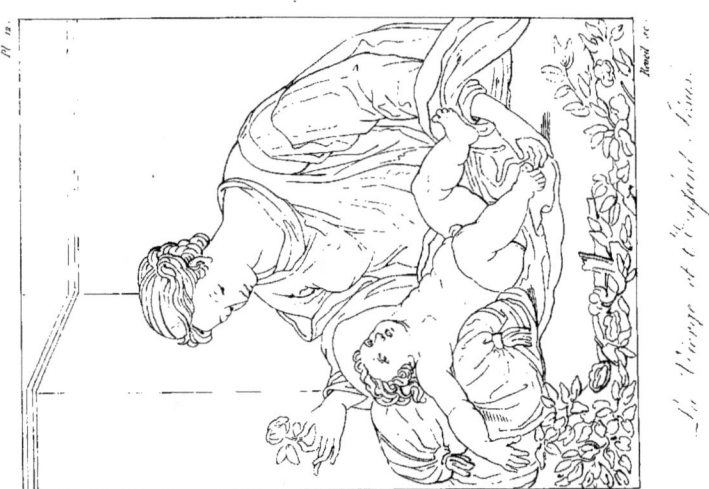

La Vierge et l'Enfant Jésus.

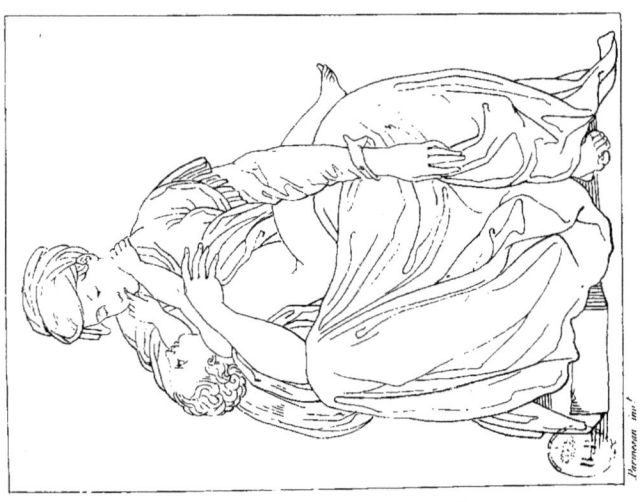

La Vierge et l'Enfant Jésus.

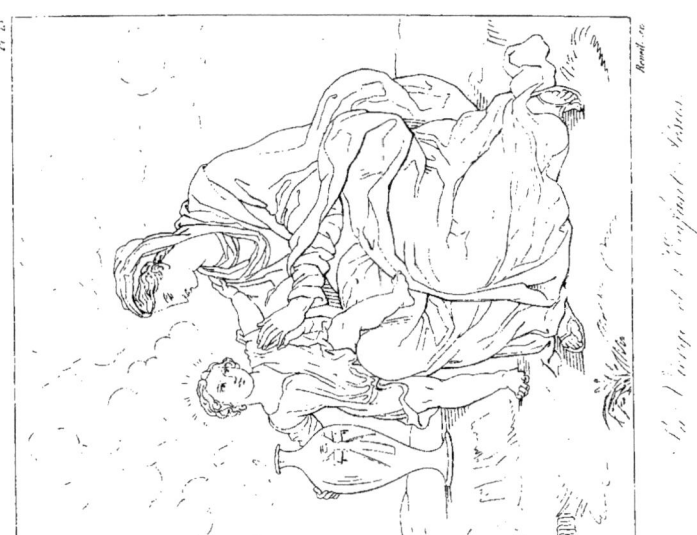

La Vierge et l'Enfant Jésus.

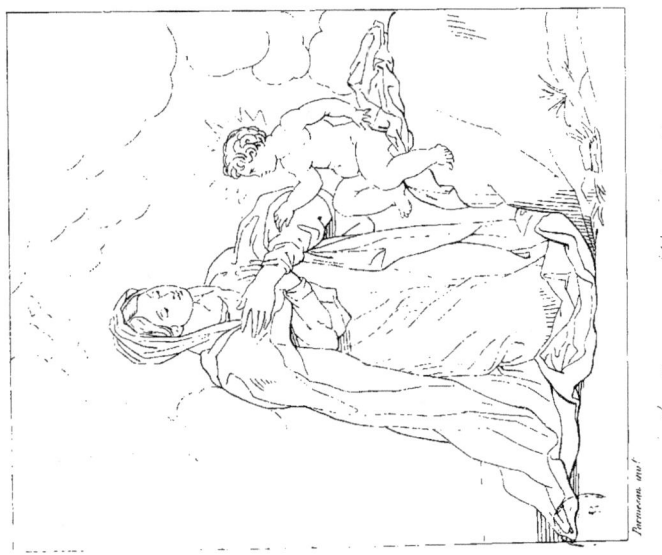

La Vierge et l'Enfant Jésus.

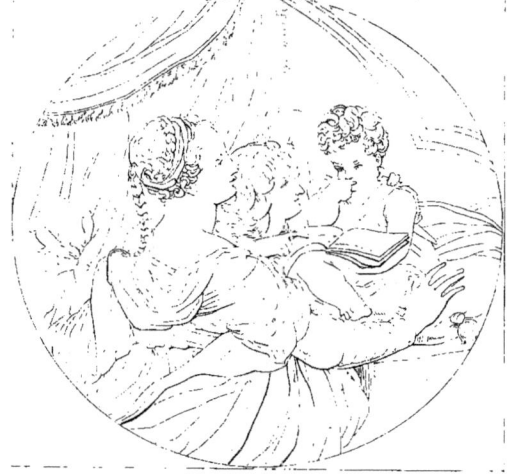

Éducation de l'Enfant Jésus.

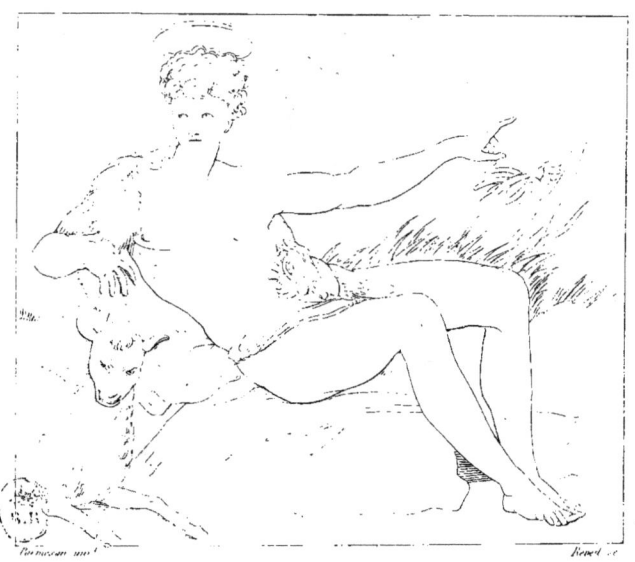

Saint Jean Baptiste.

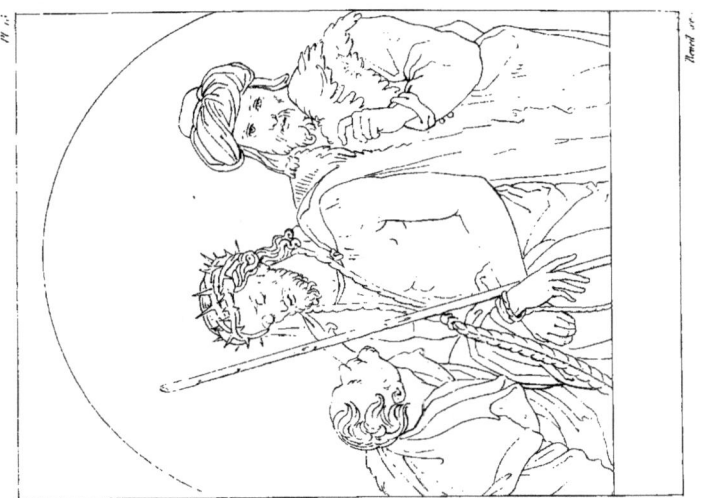

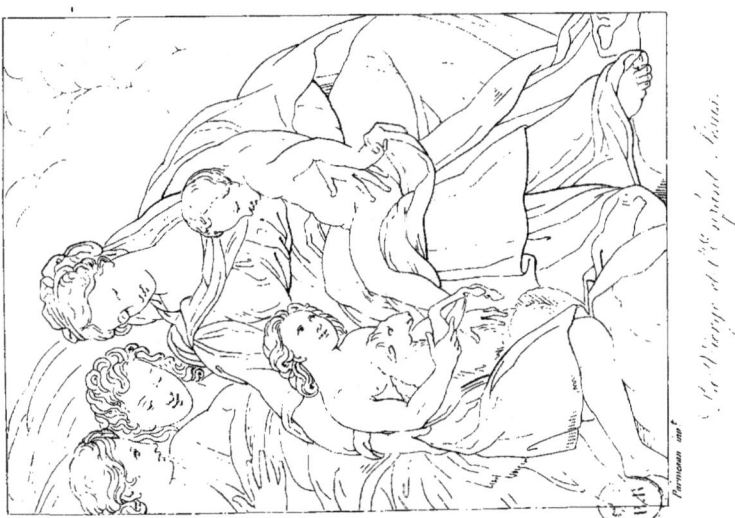

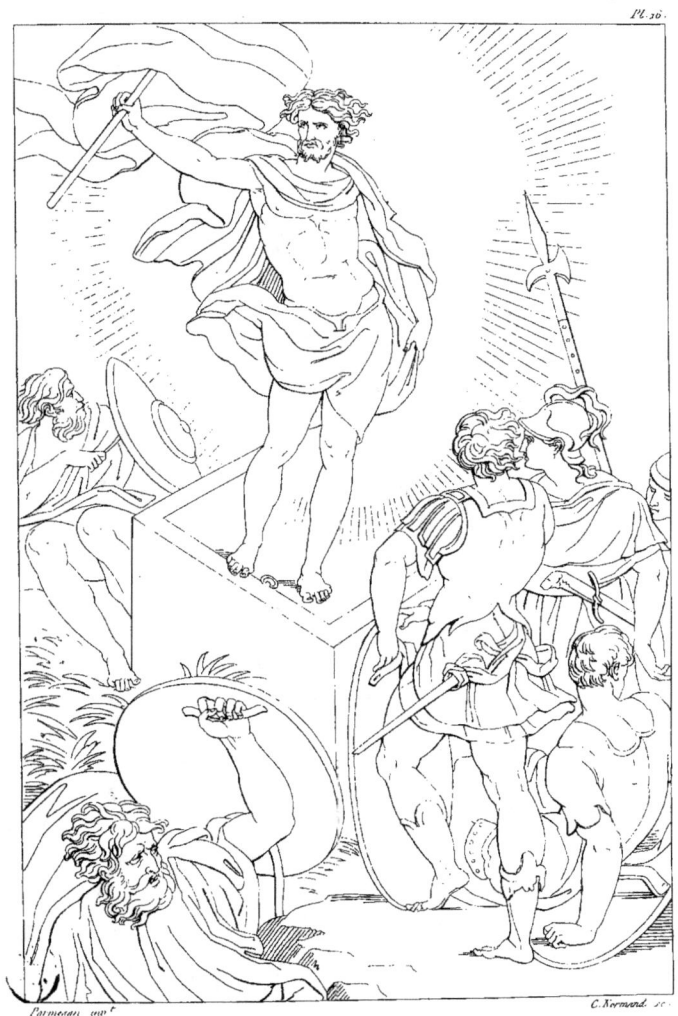

La Résurrection de N. S.

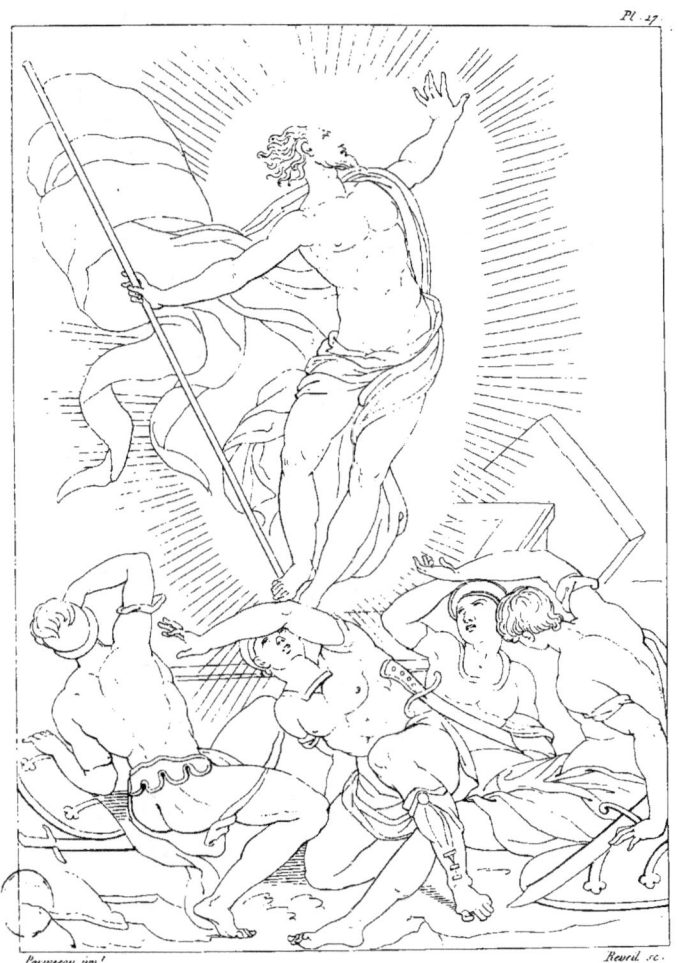

La Résurrection de N. S.

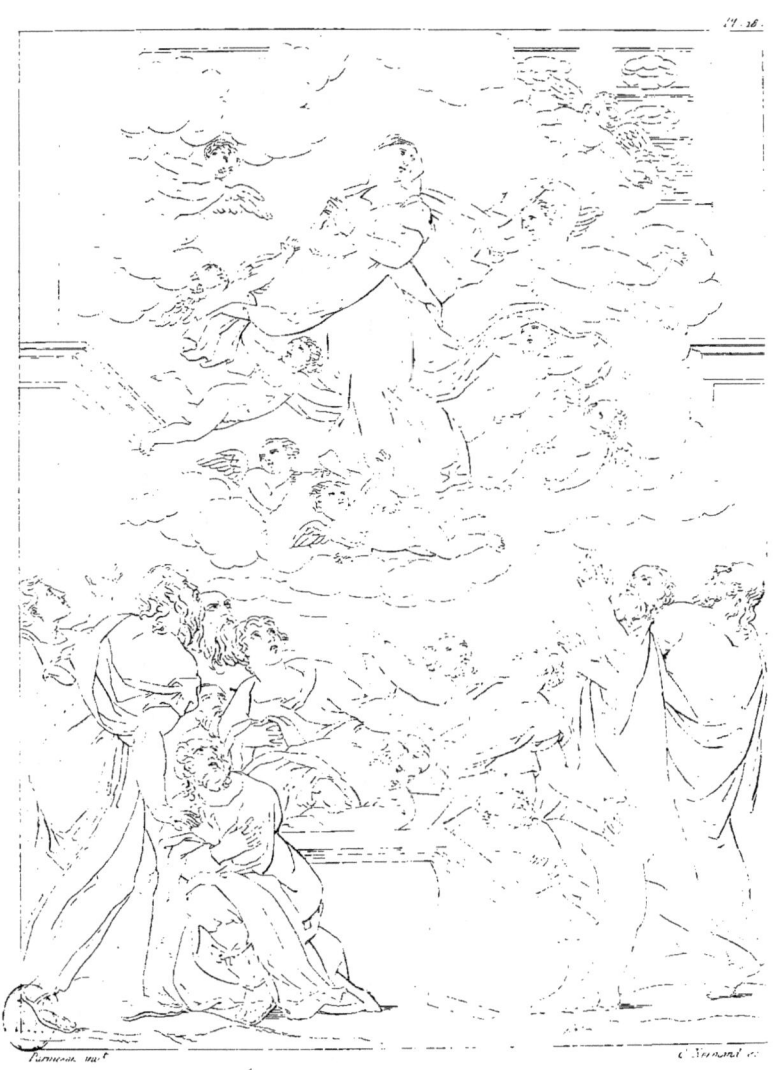

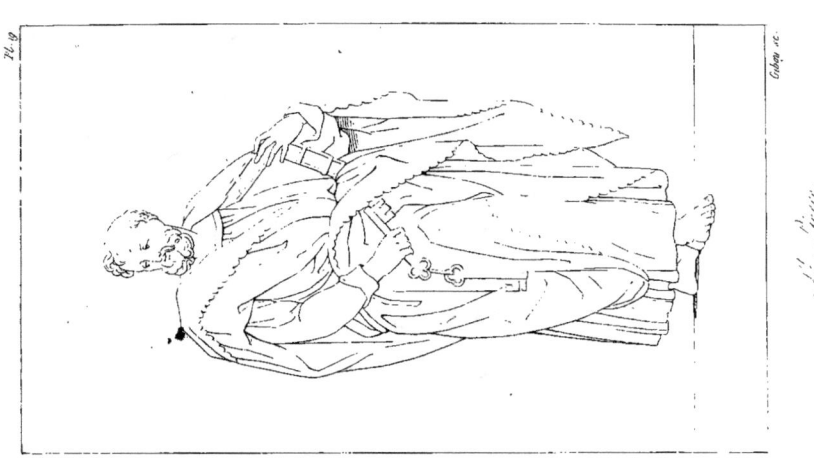

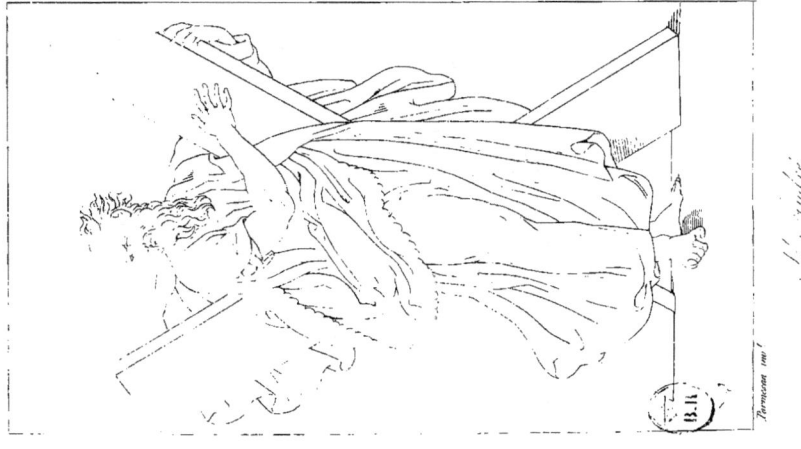

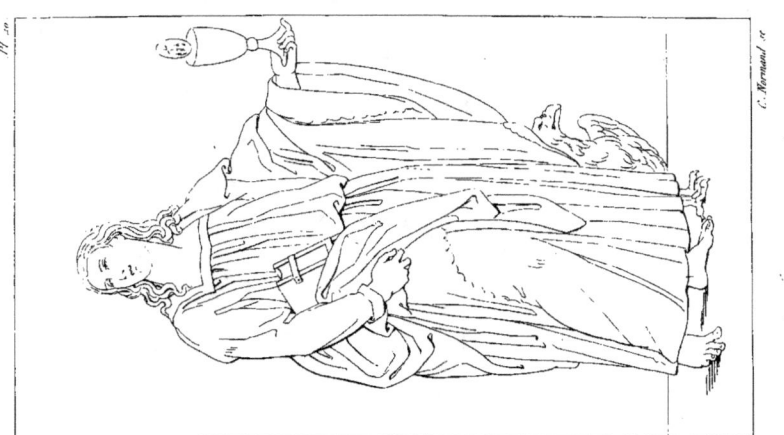

S. Jean Évangéliste.

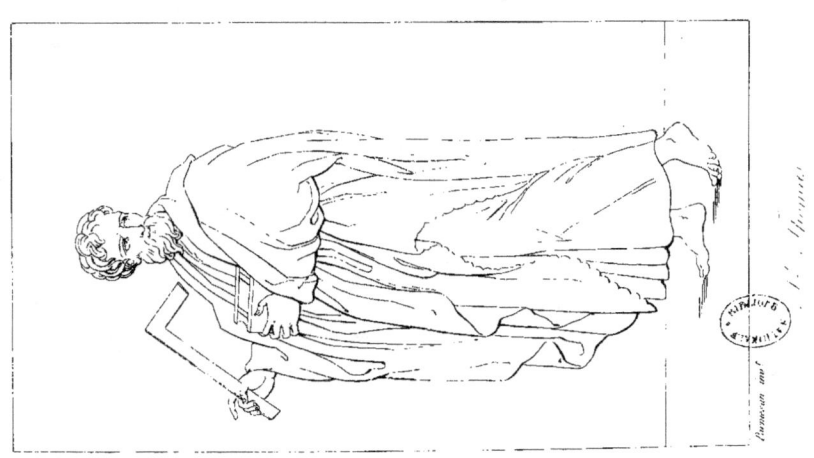

S. Thomas.

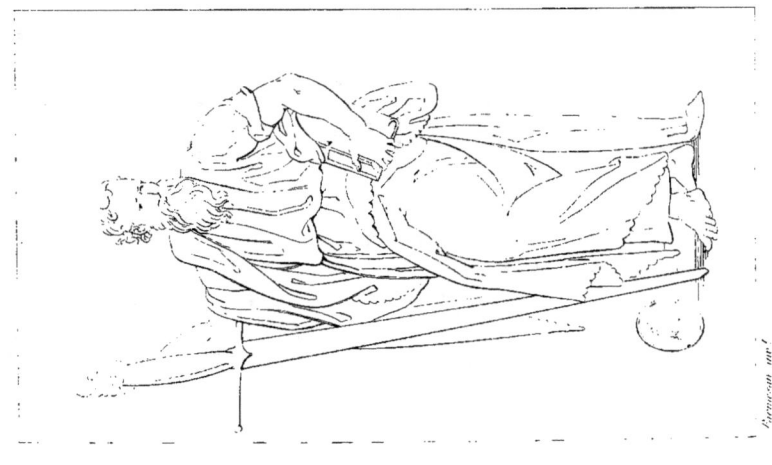

S.t Paul.

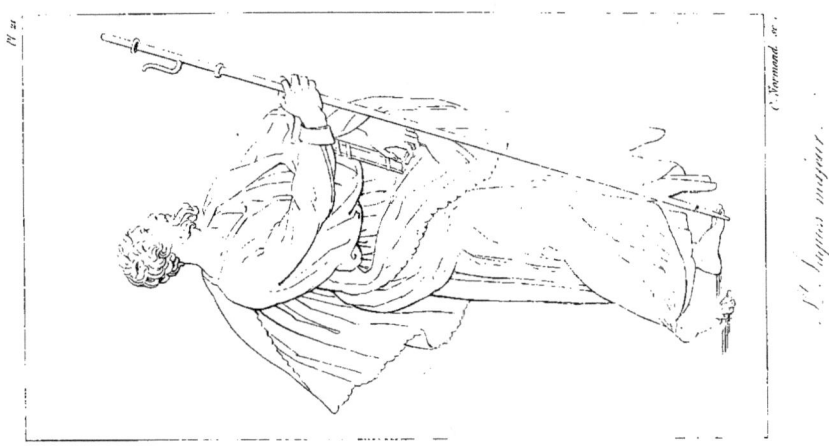

S.t Jacques majeur.

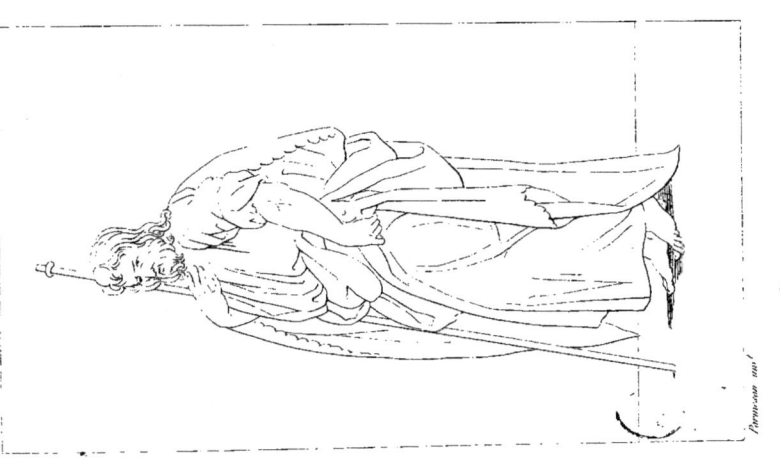

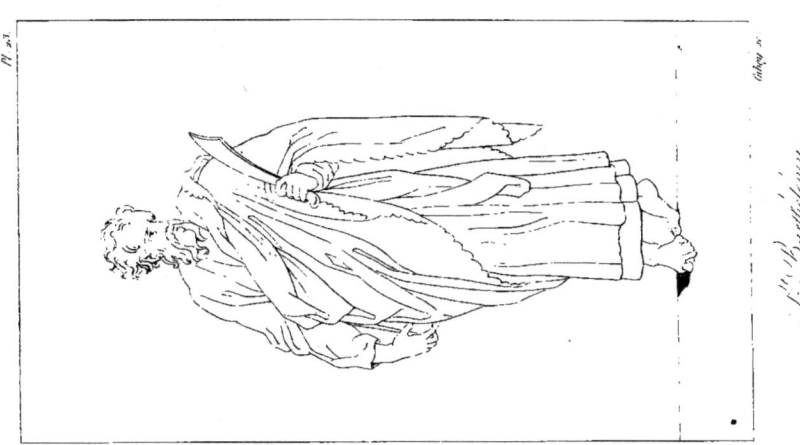

S.t Matthieu.

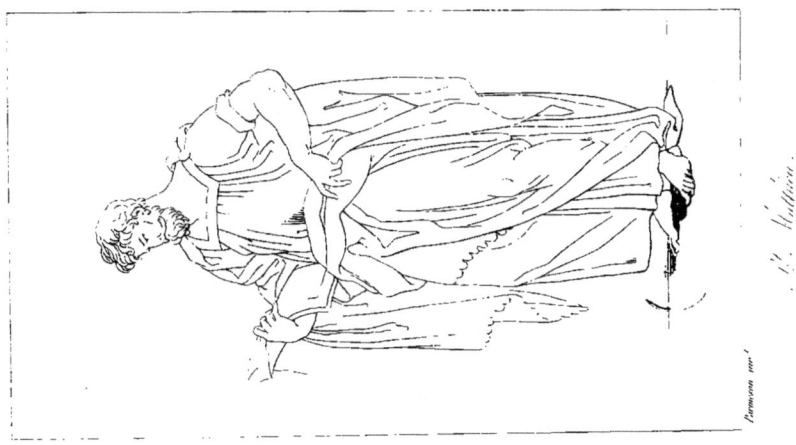

S.t Barthelemy.

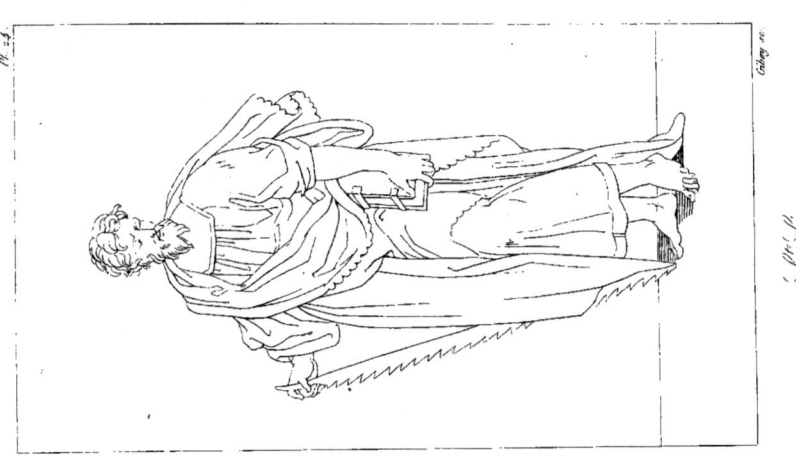

S.t Jean Baptiste.

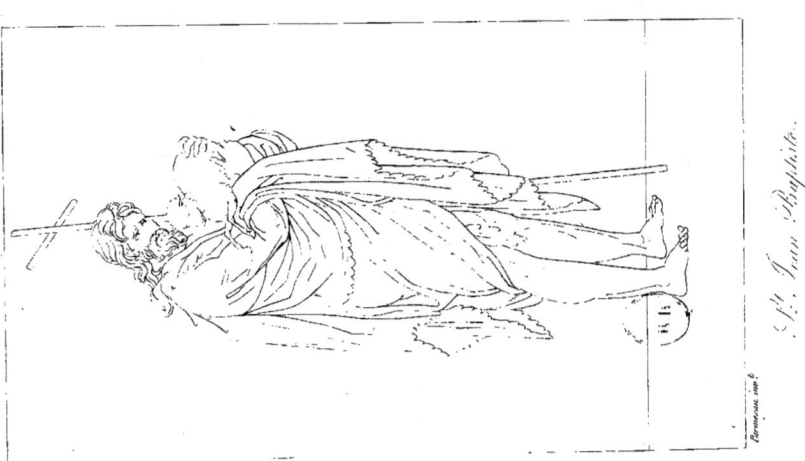

S.t Simon.

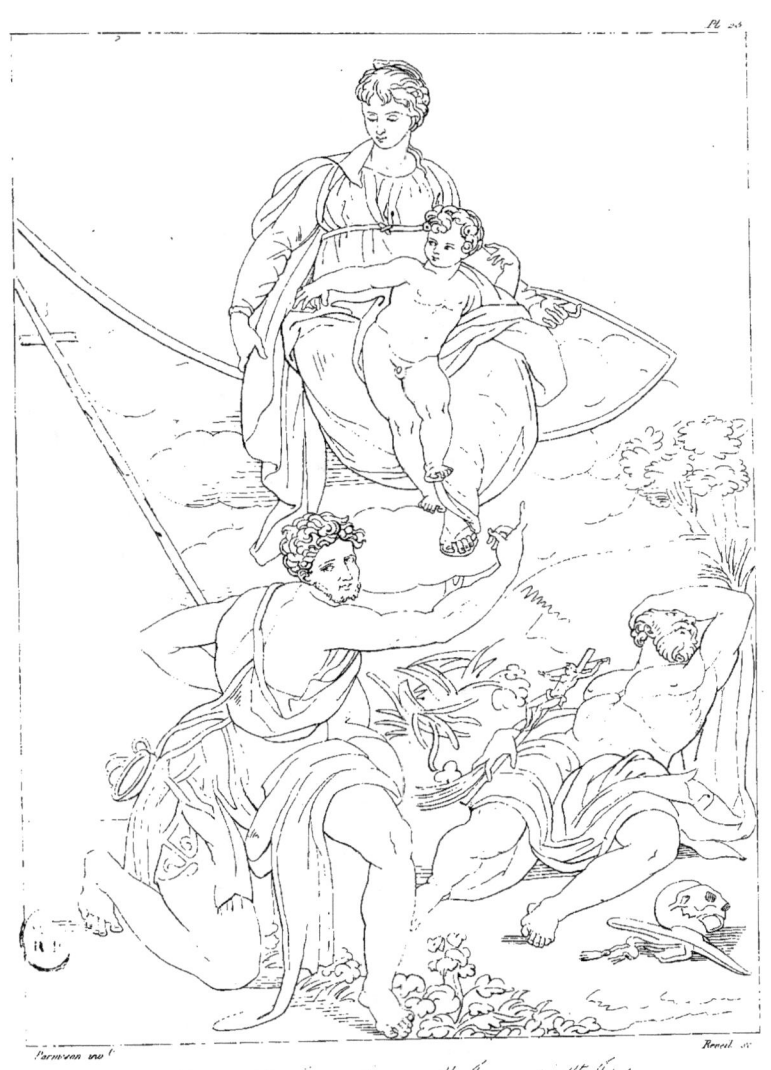

La Vierge, l'Enfant Jésus, St. Jean et St. Jérôme.

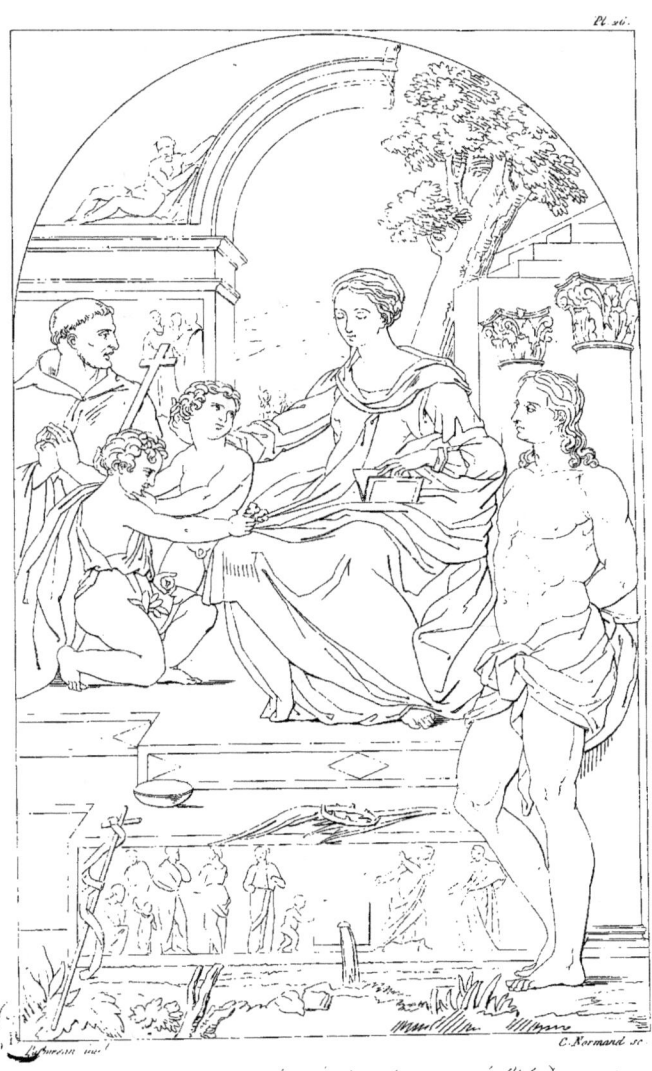

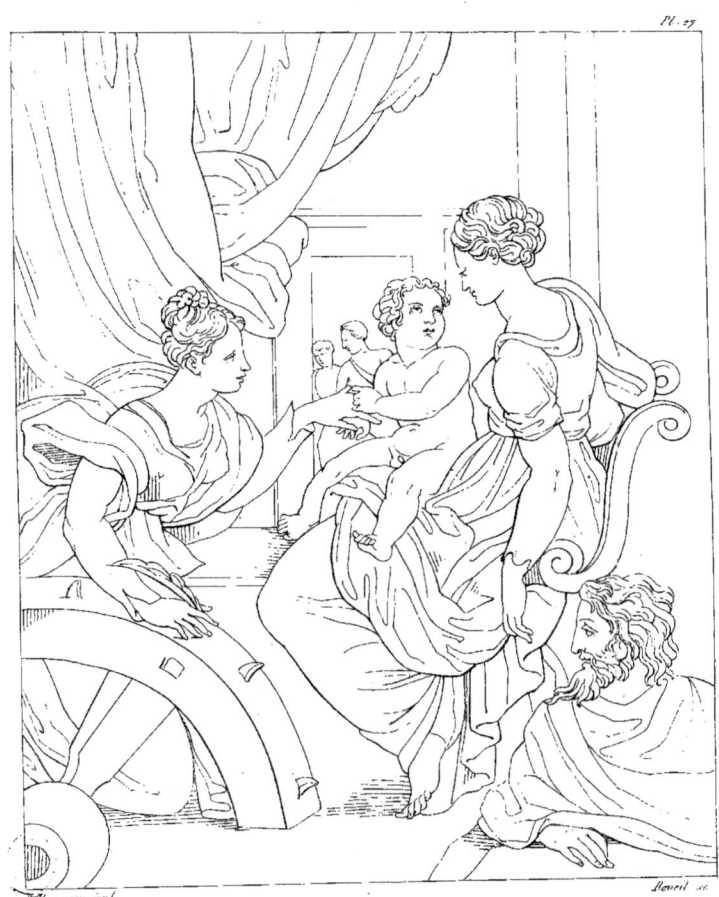

Mariage de S.te Catherine.

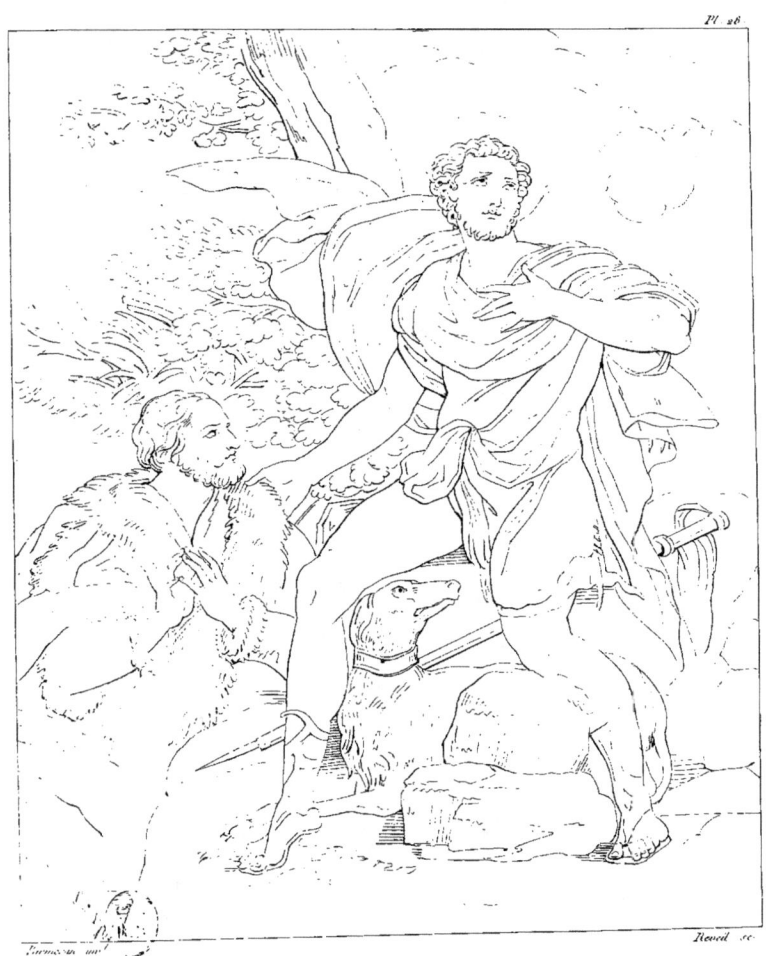

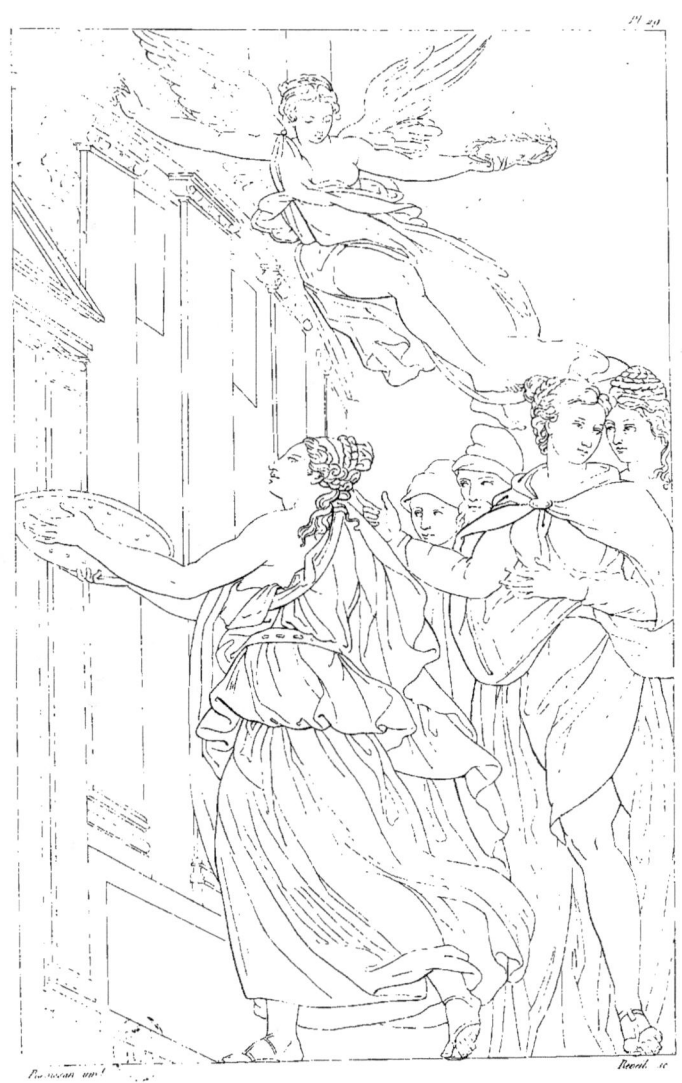

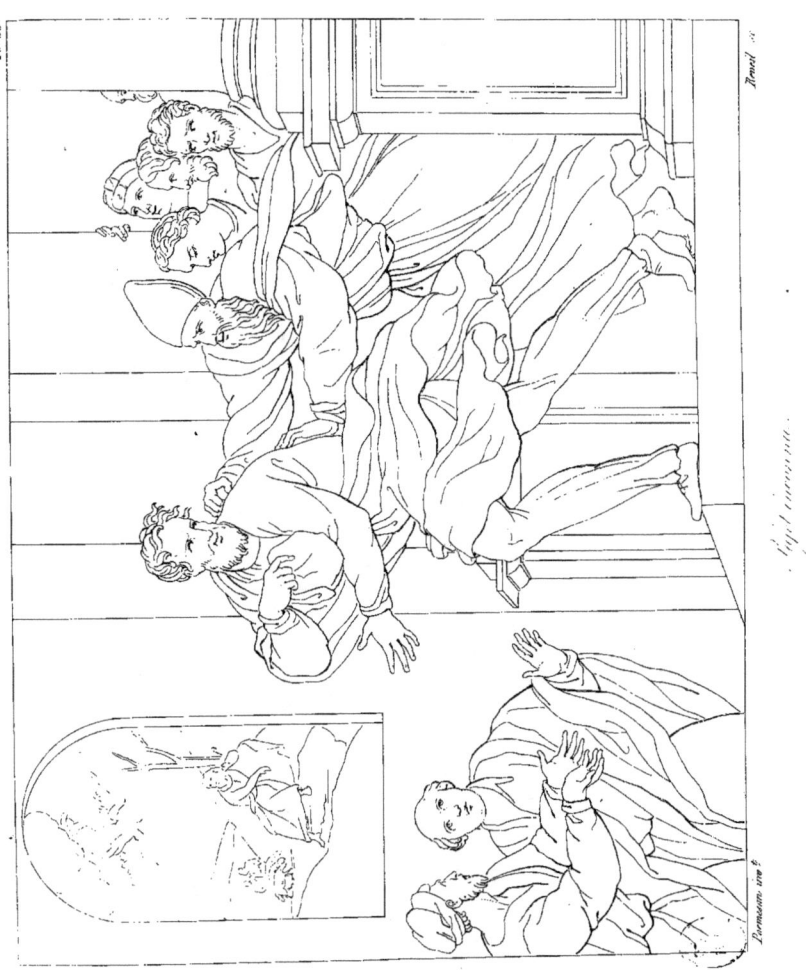

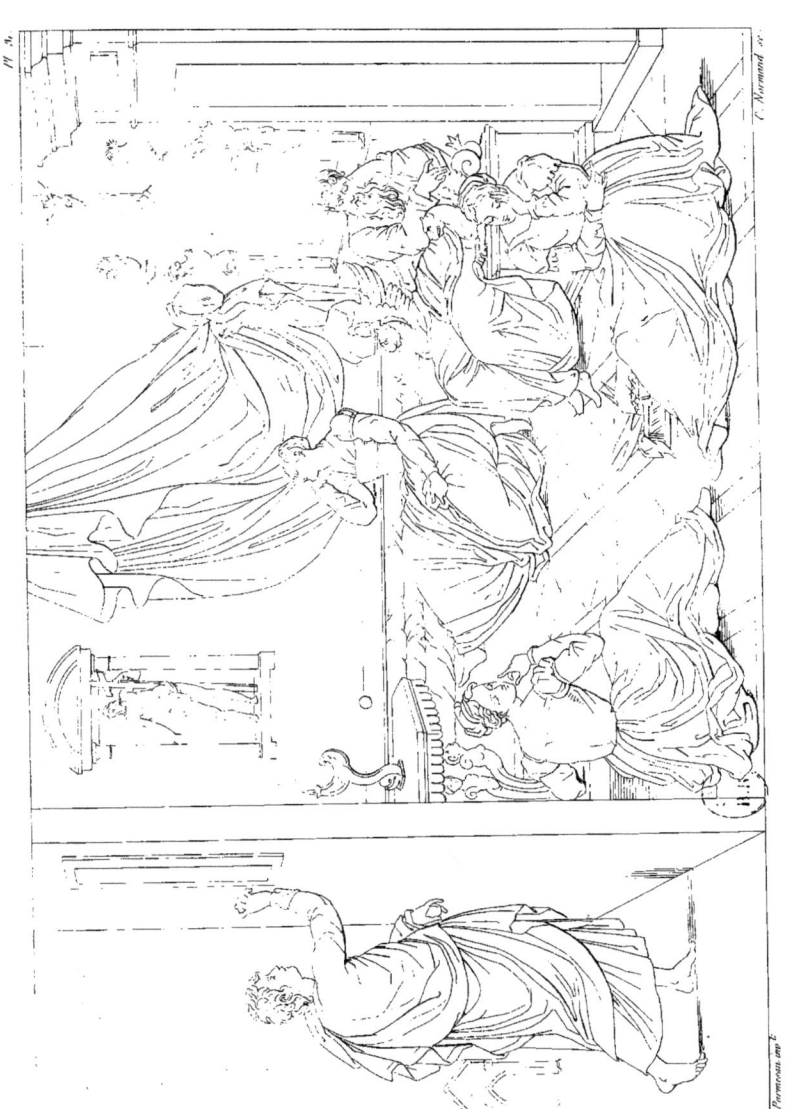

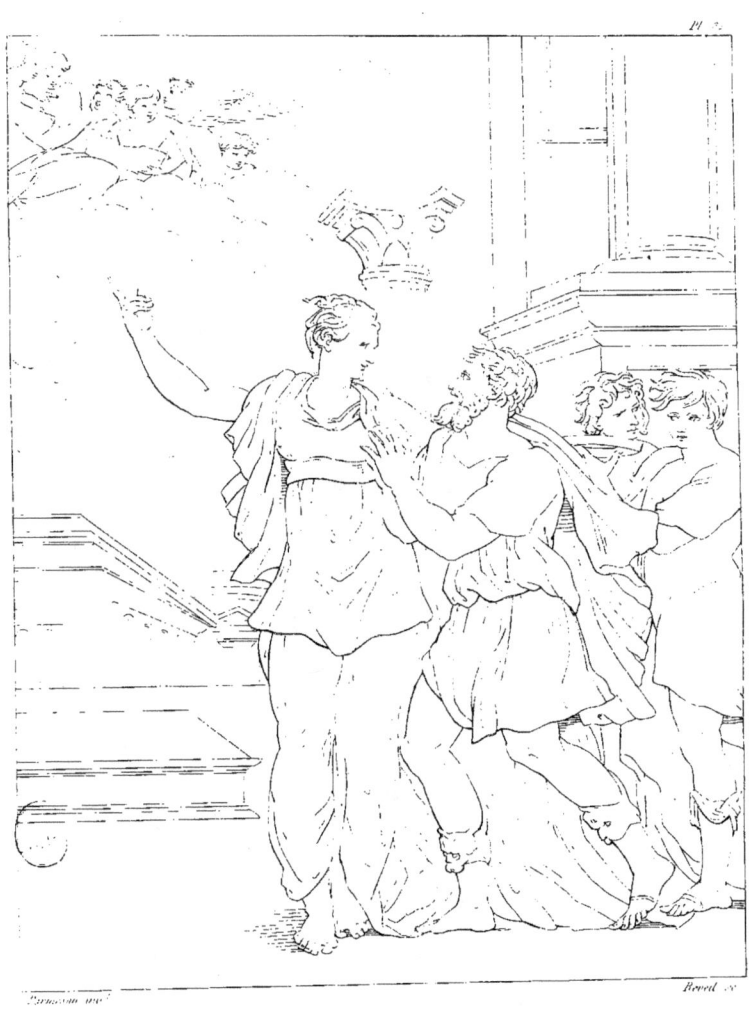

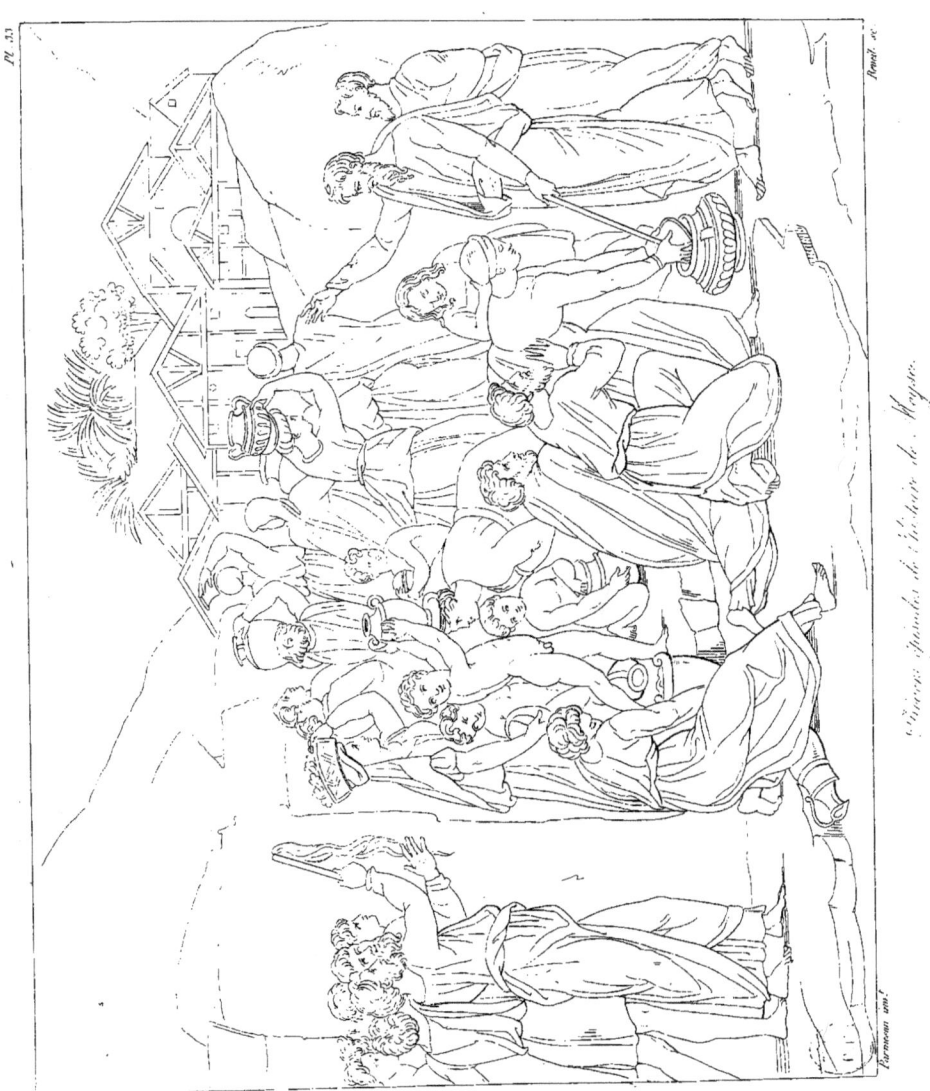

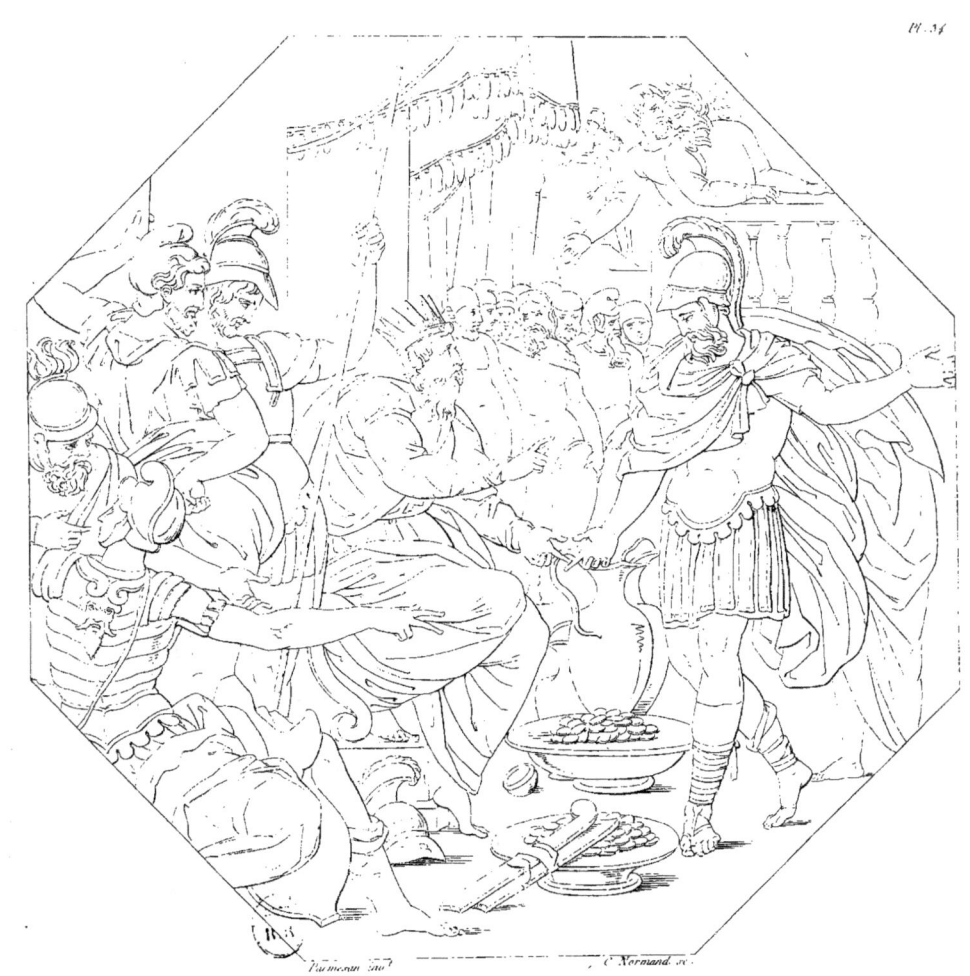

Continence de Camille.

Sujet inconnu.

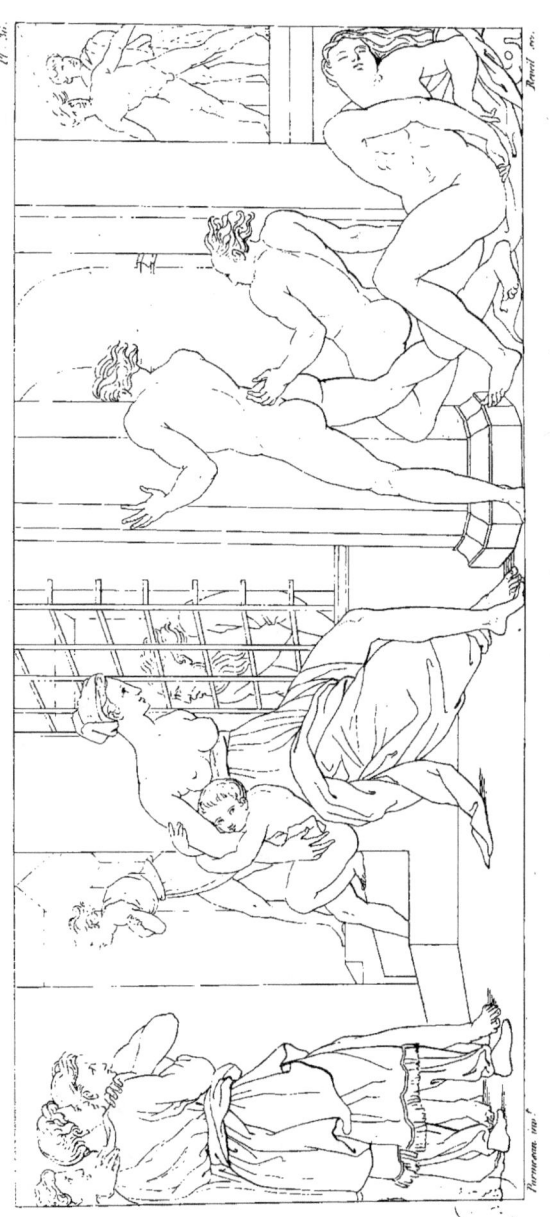

La Chiesa Annuncia.

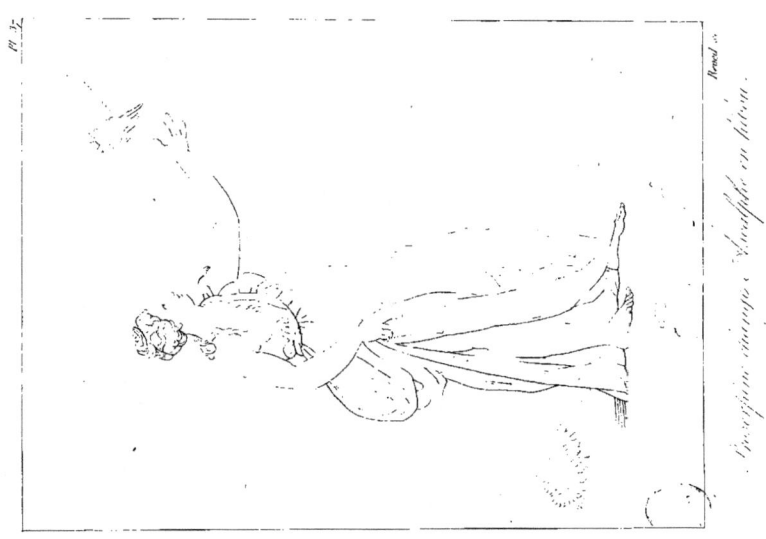

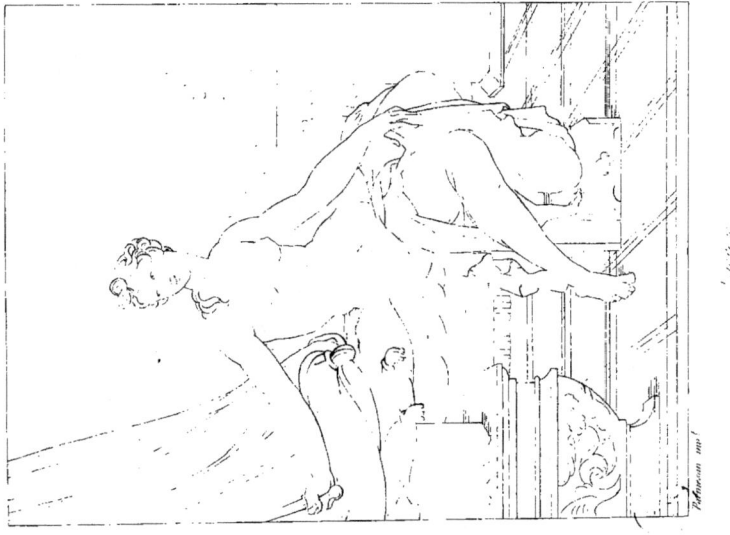

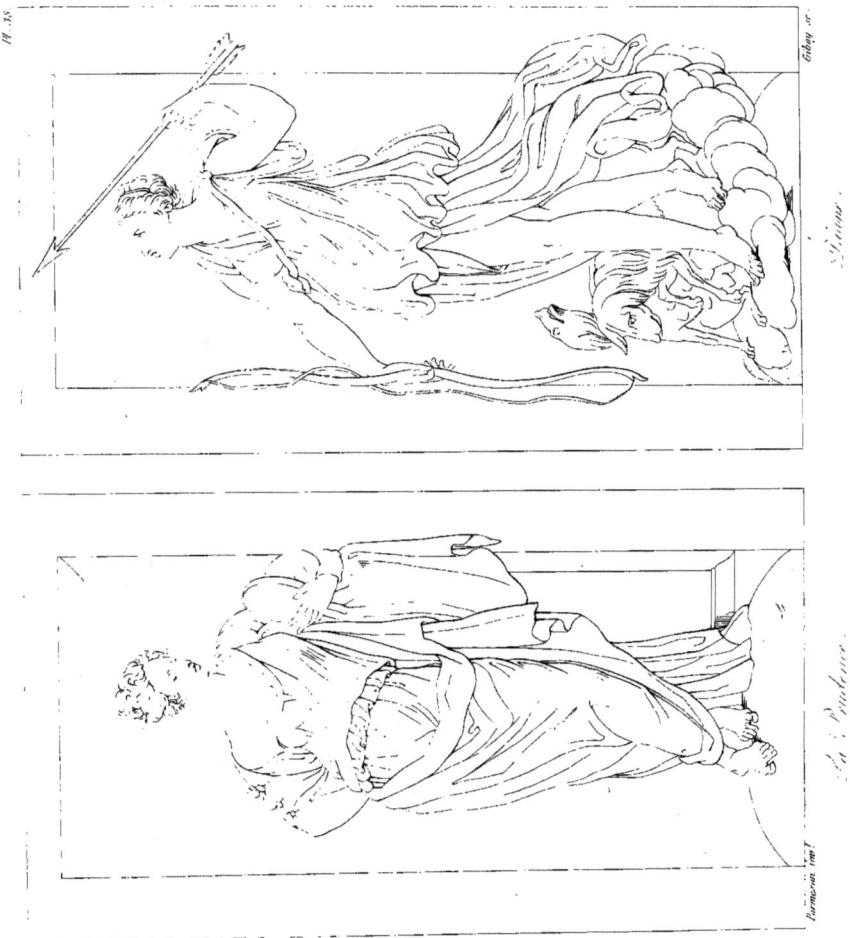

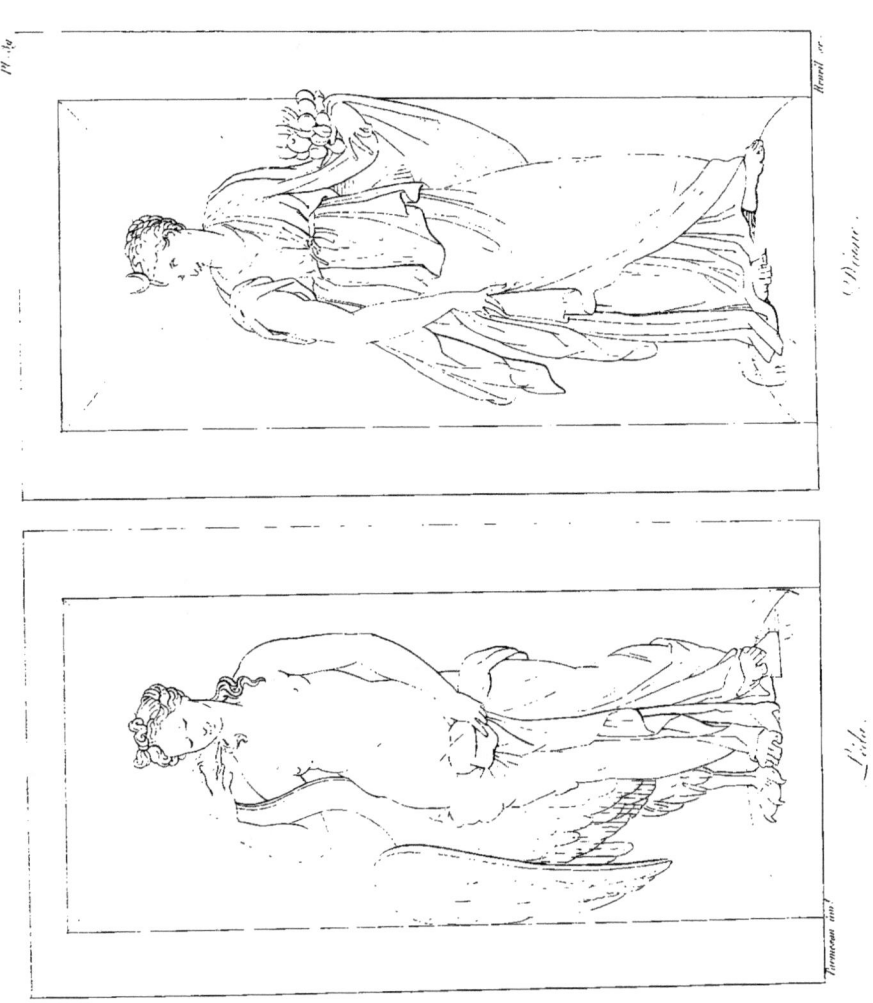

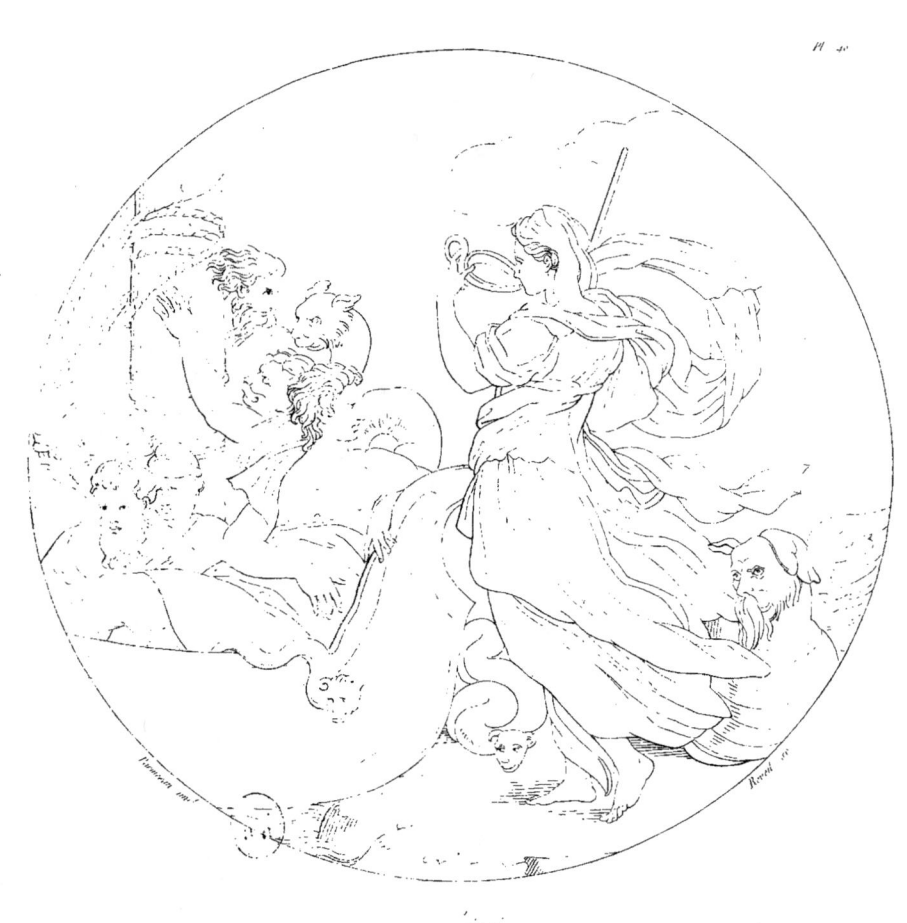

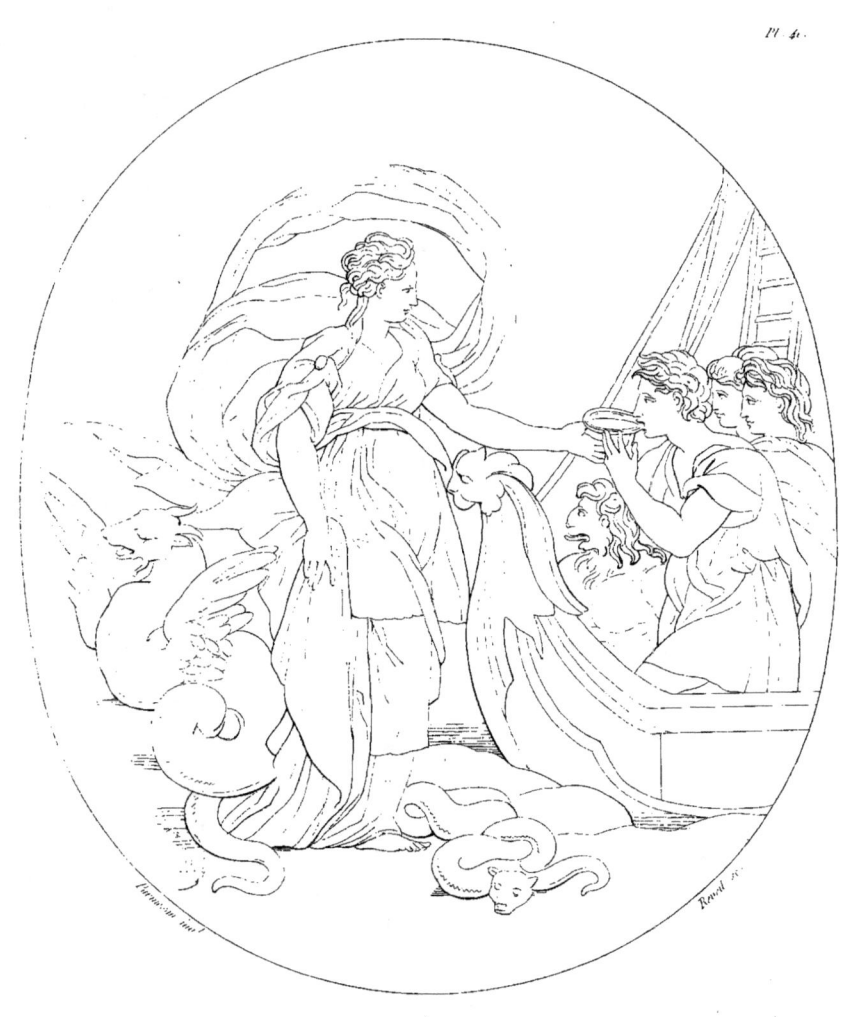

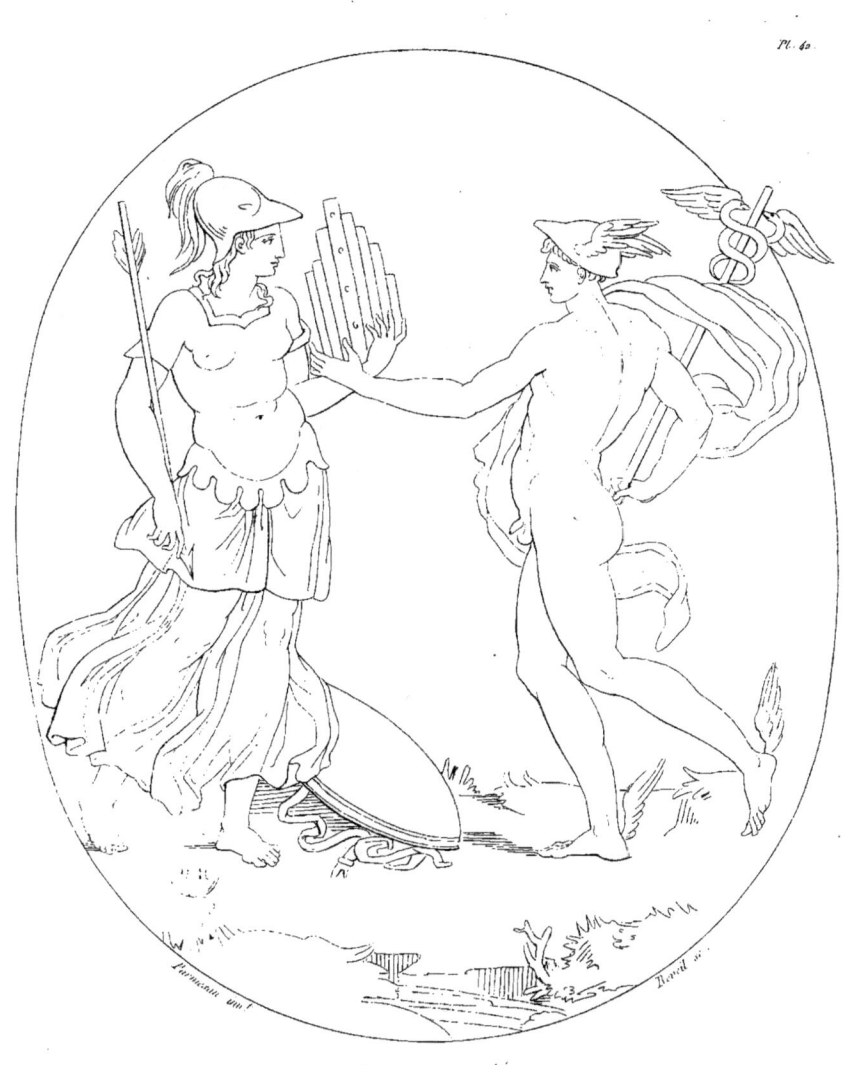

Mercure et Minerve.

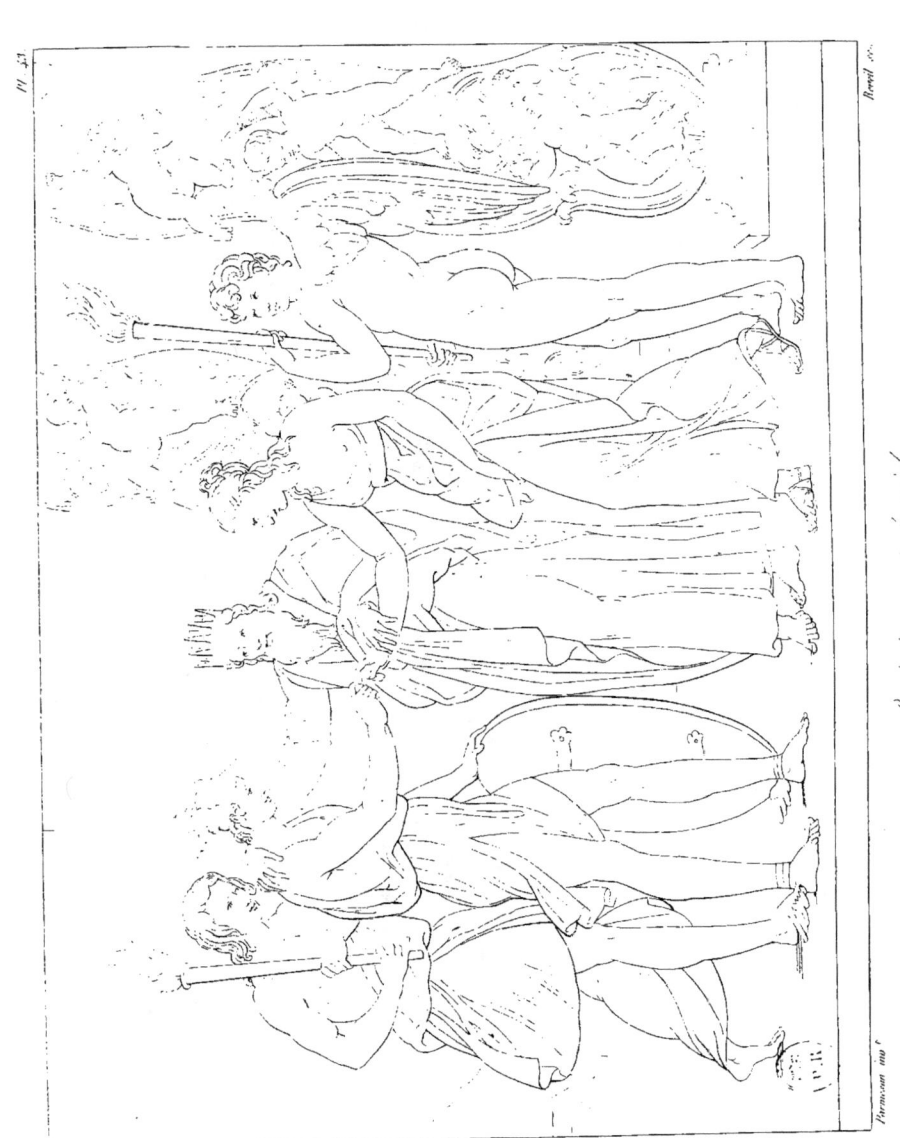

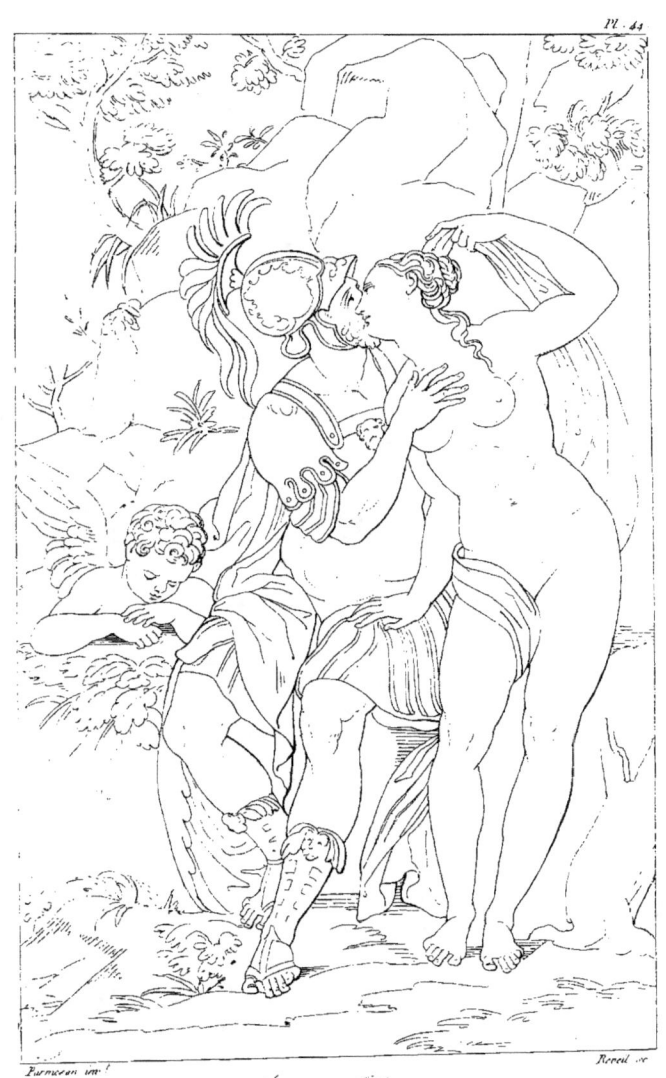

Mars et Vénus.

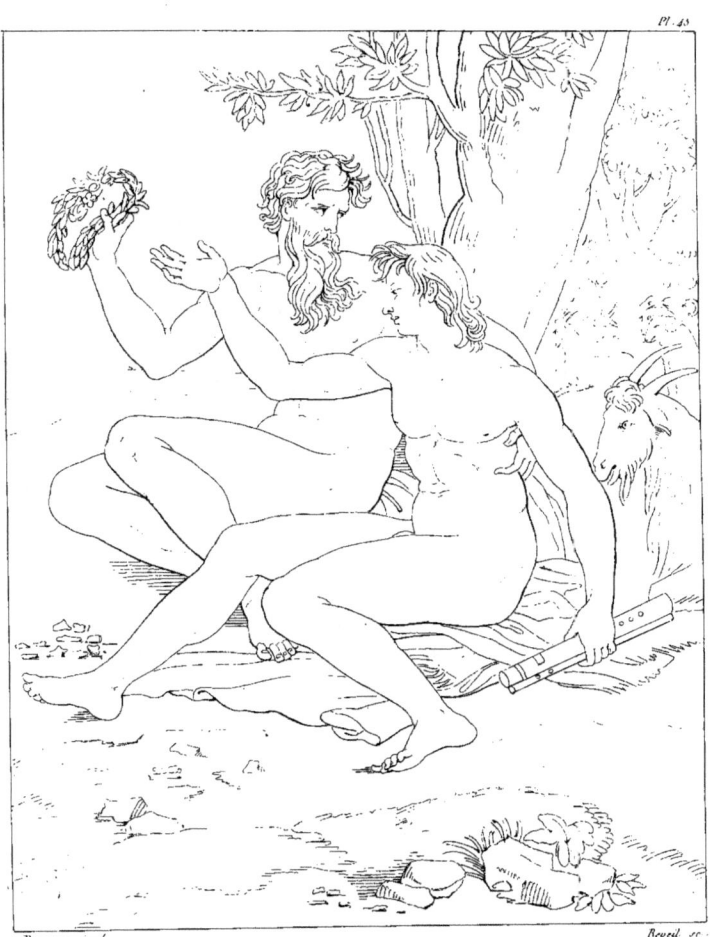

Sujet tiré d'une Églogue de Virgile.

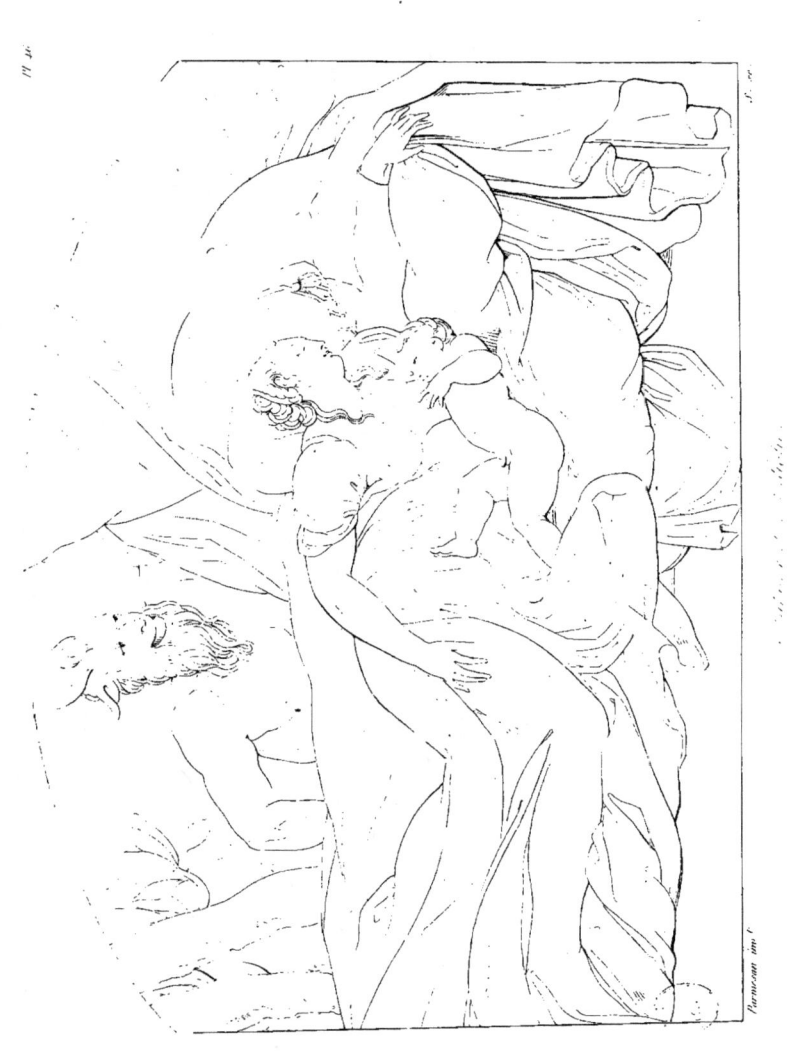

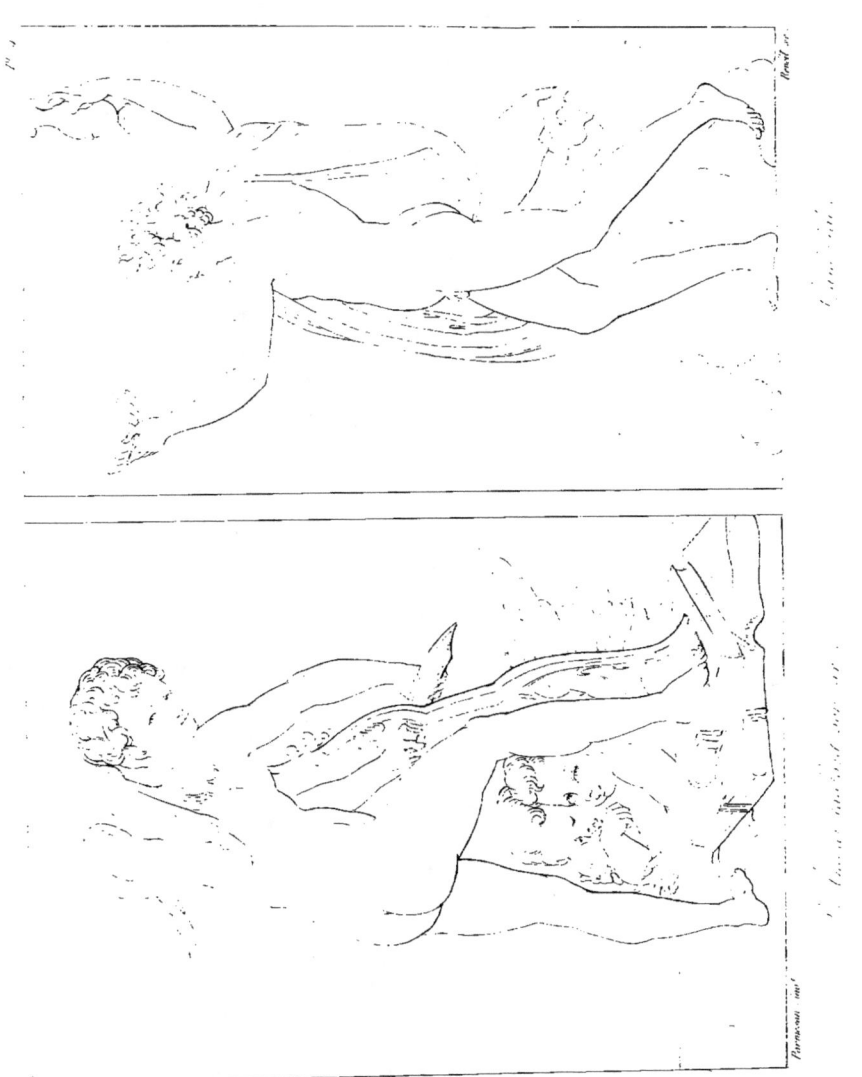

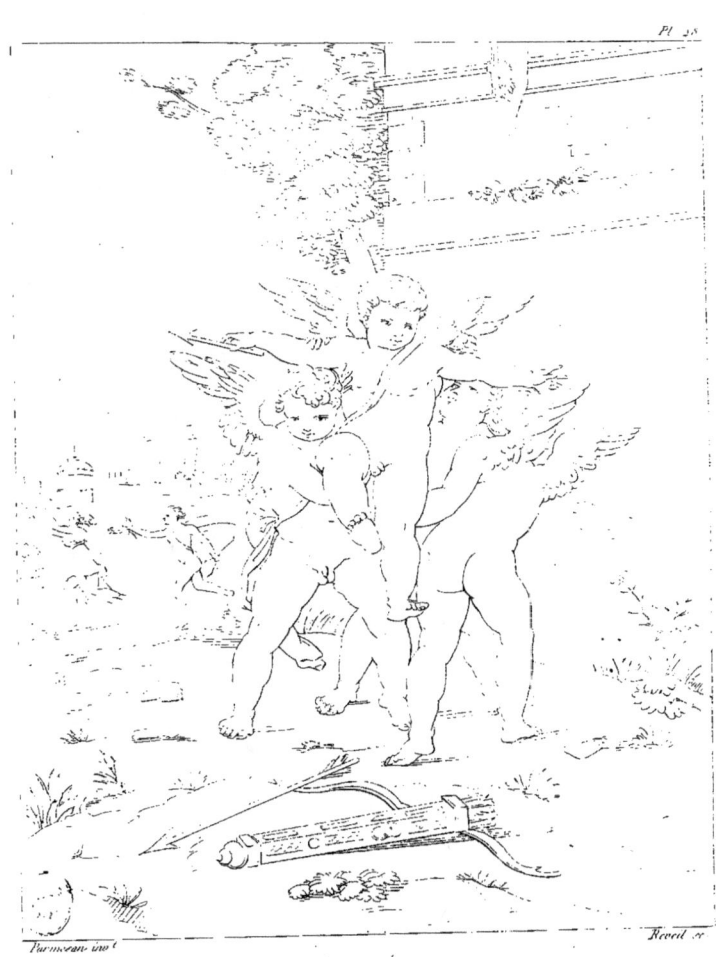

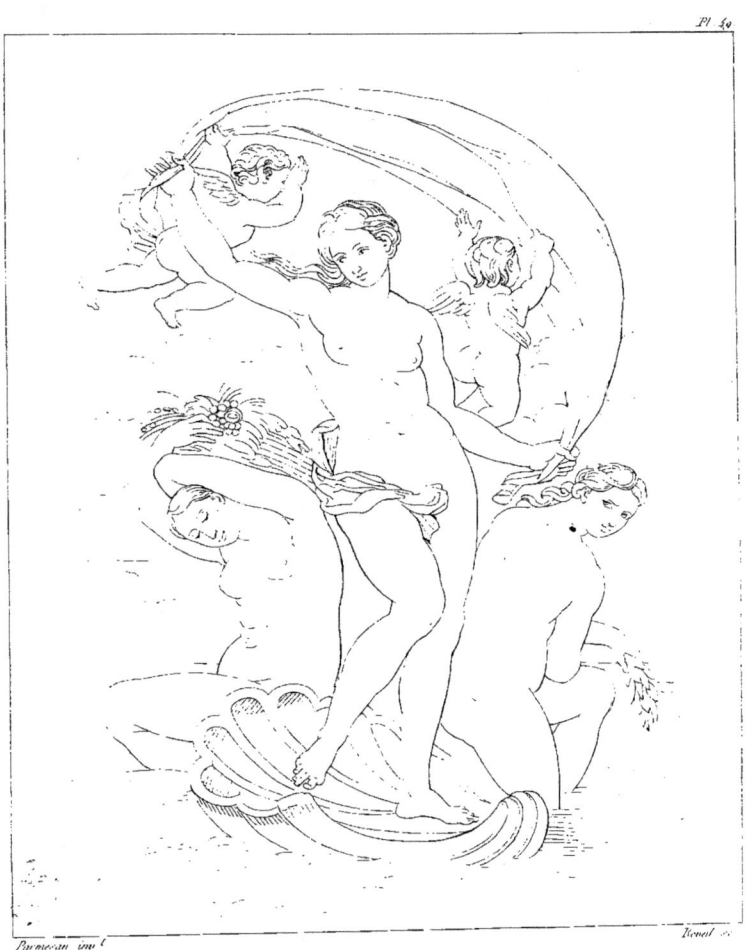

Parmesan inv.t   Revril sc.

Vénus sur les eaux

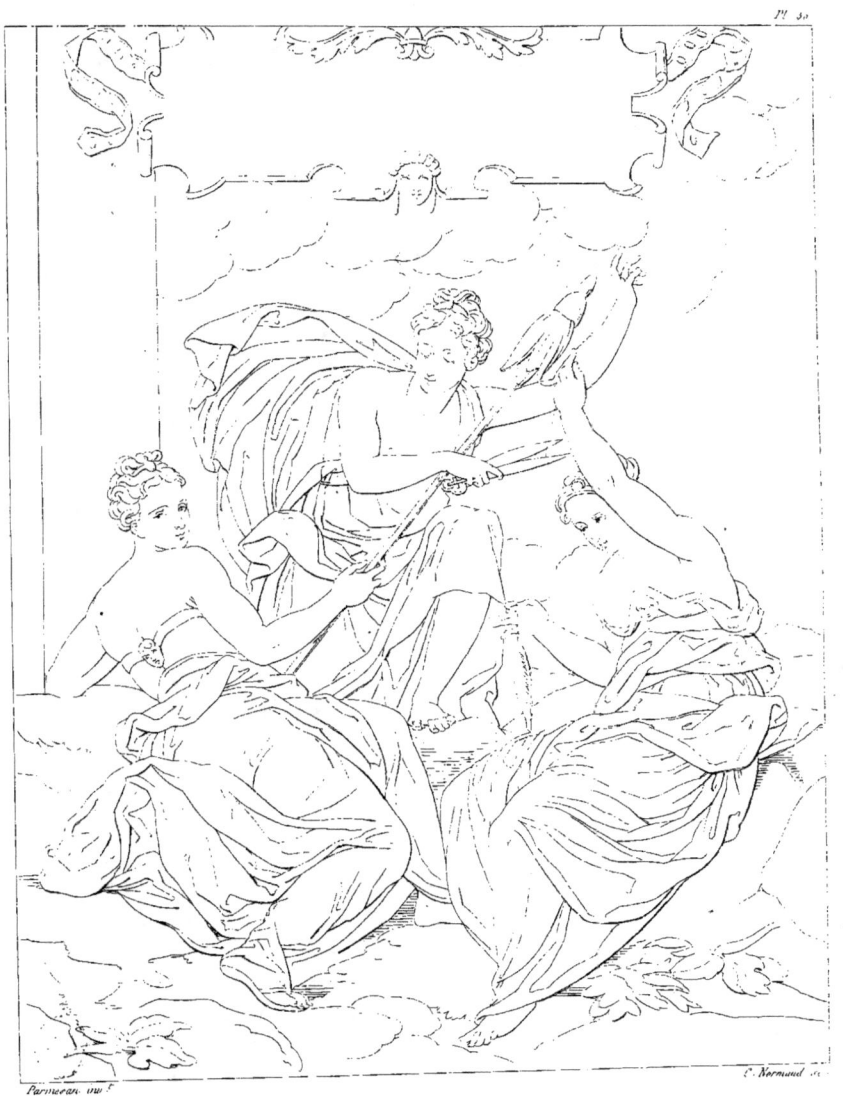

Parmecan inv.   C. Normand sc.

Les Parques.

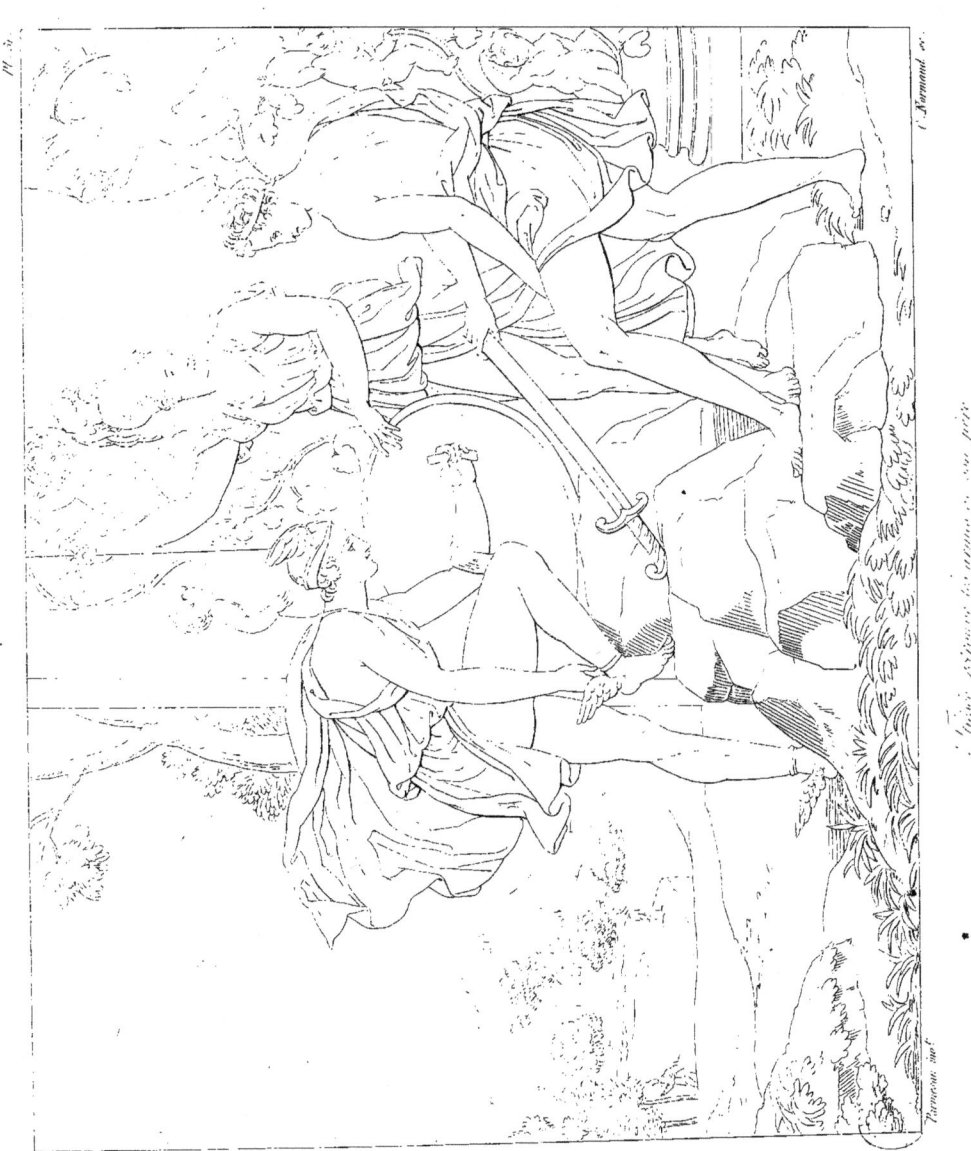

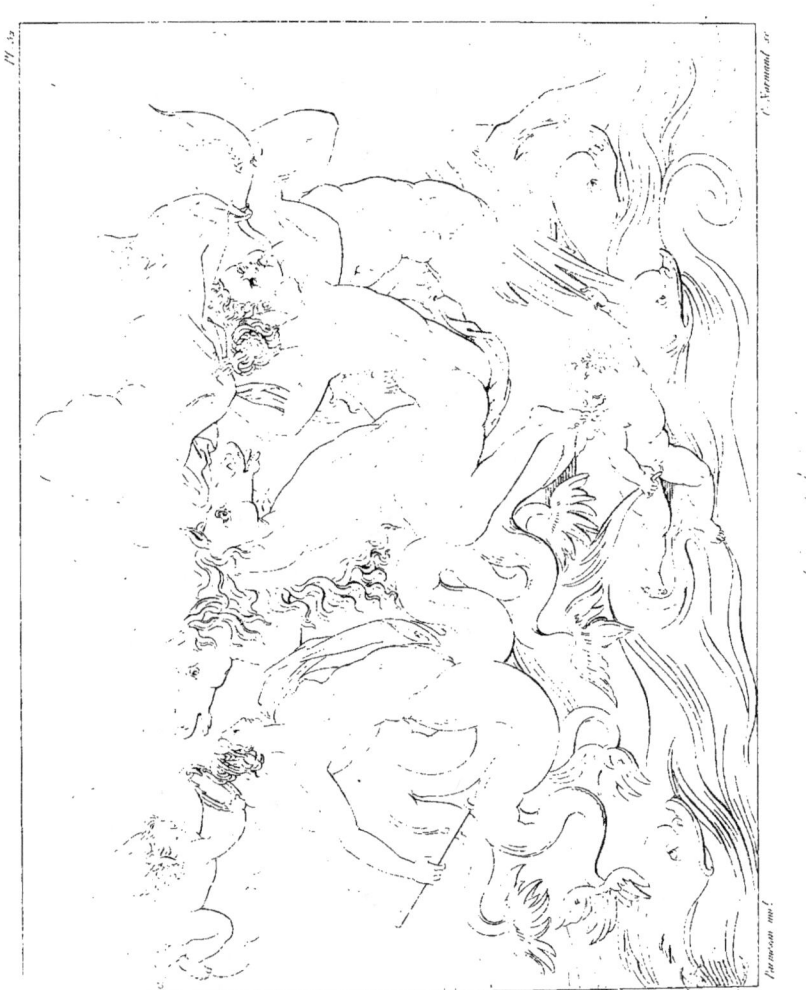

Pl. XX

Parmesan inv.					Revel sc.

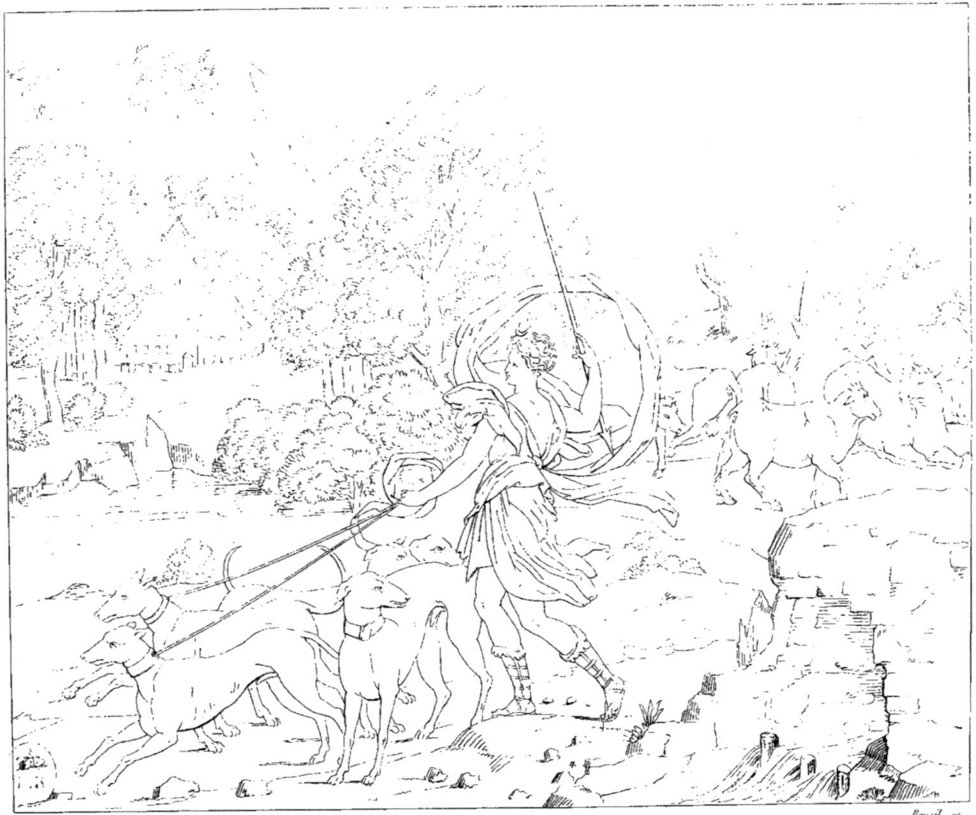

Jupiter renversant des titans en bas.

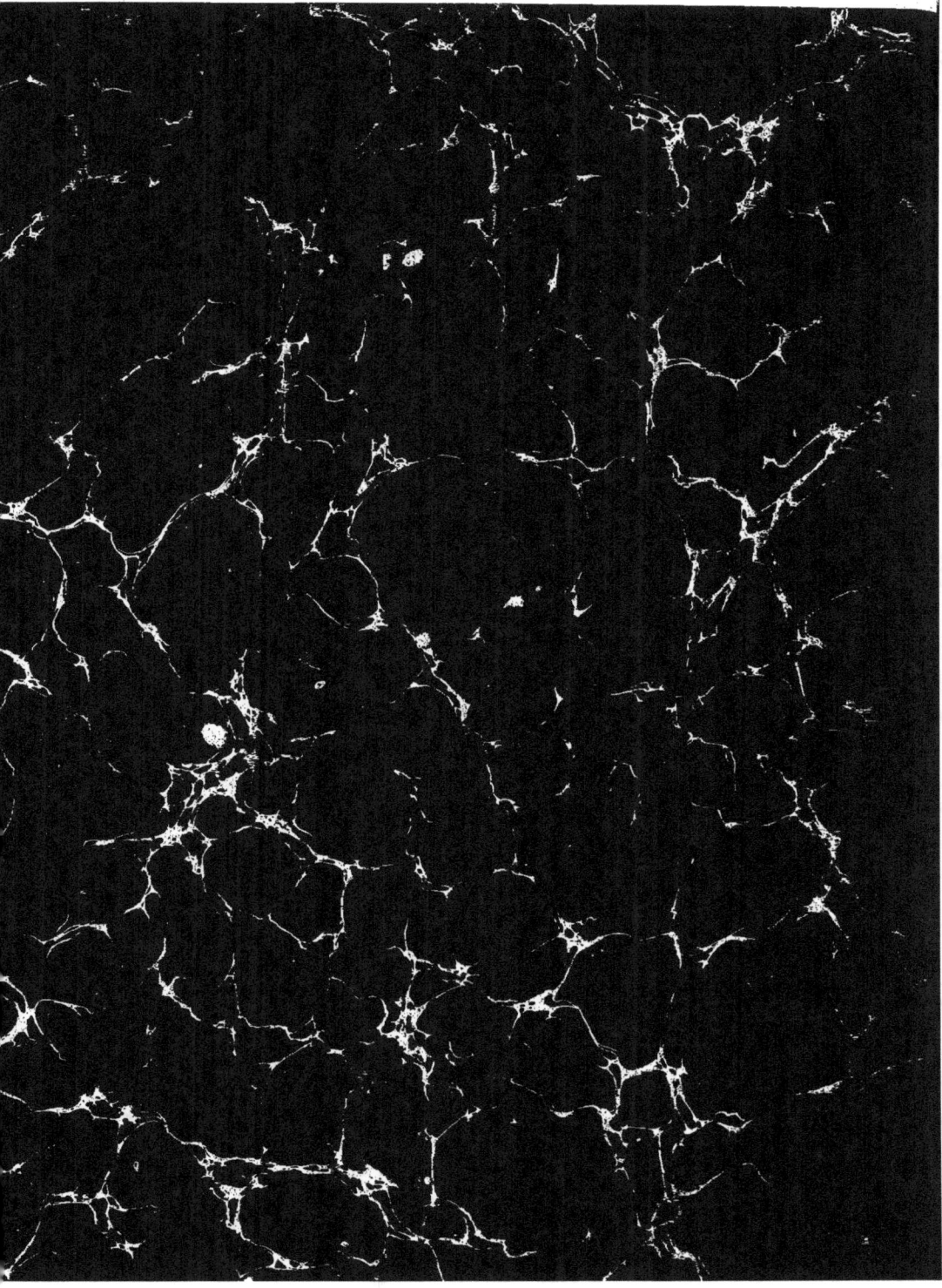

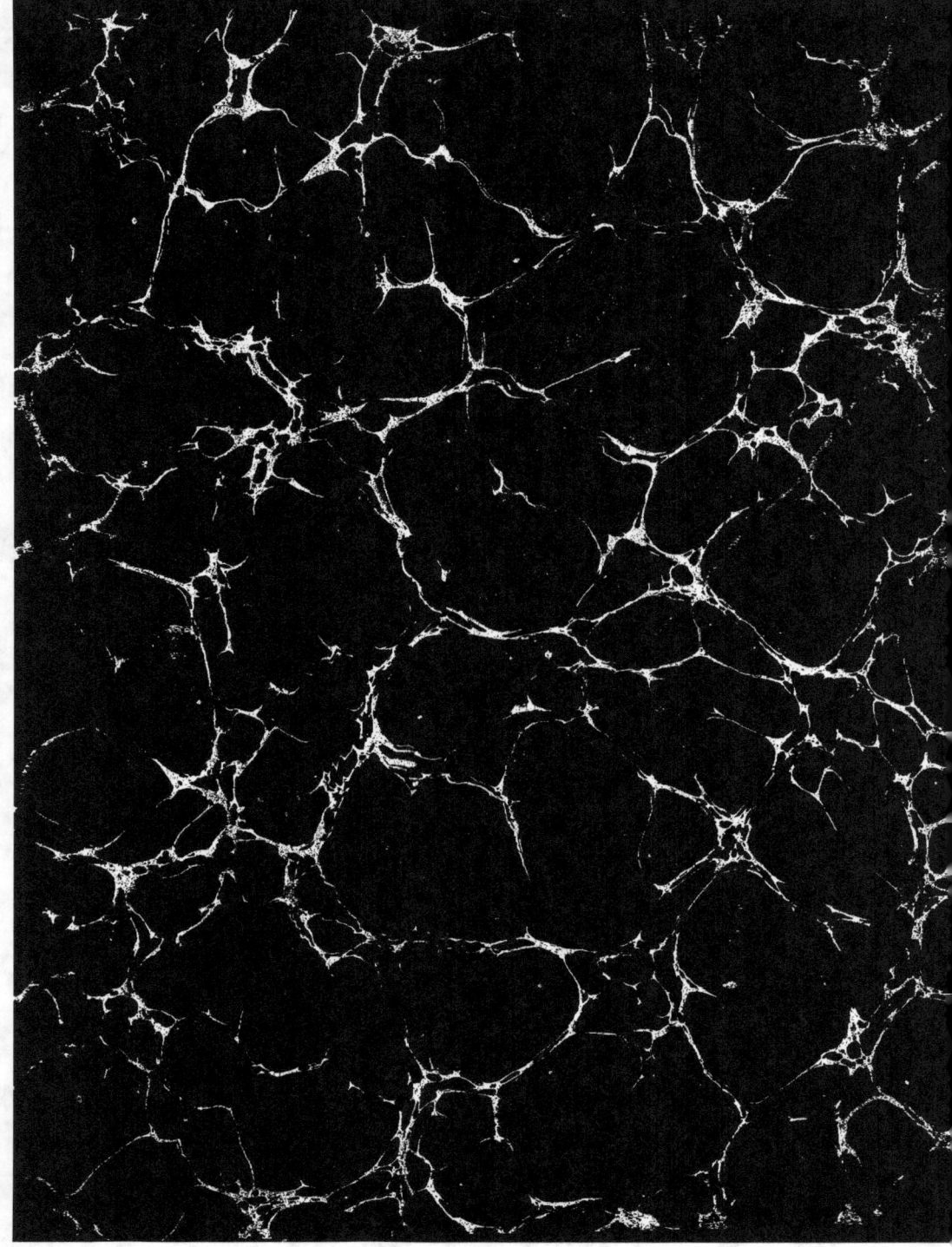

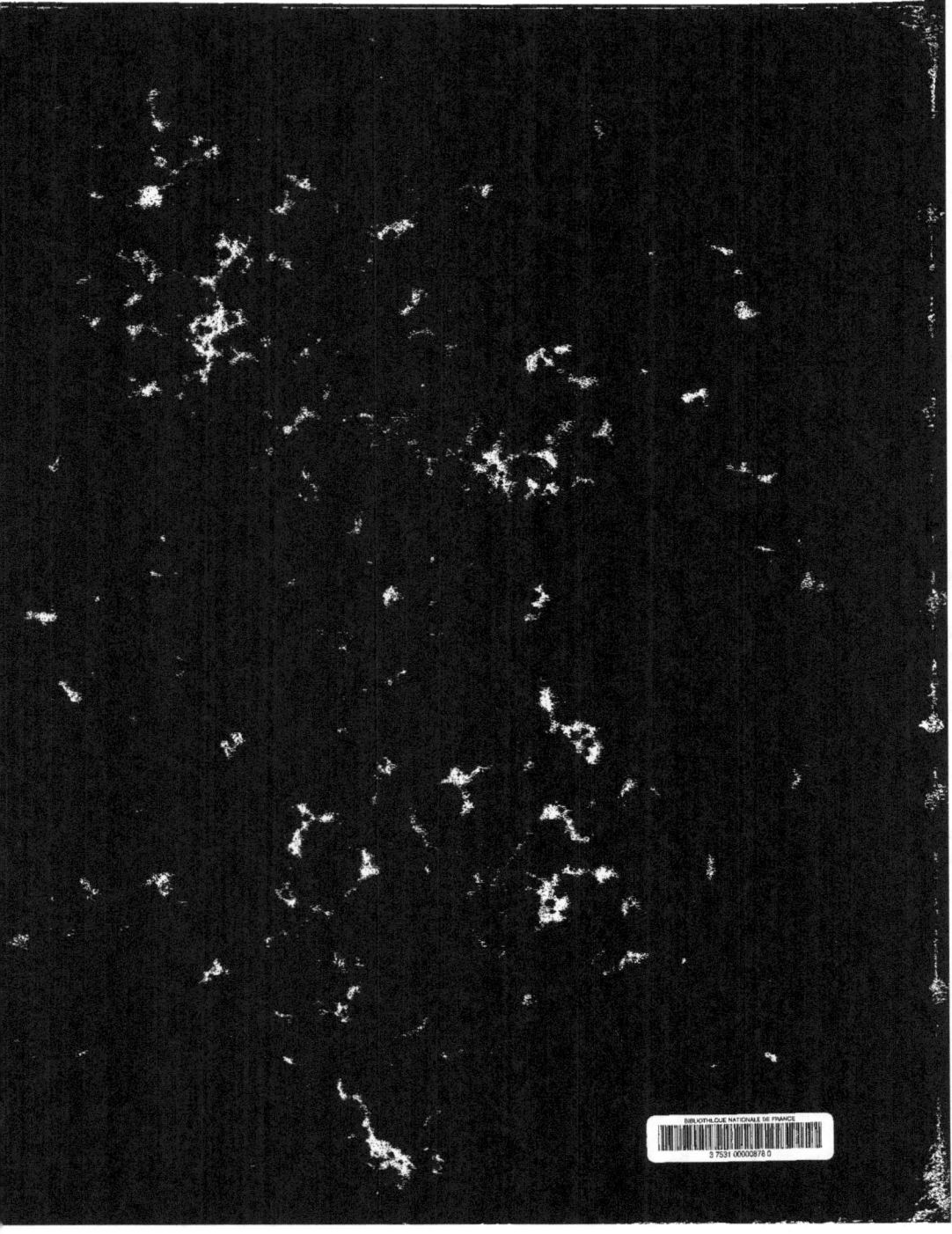

www.ingramcontent.com/pod-product-compliance
Lightning Source LLC
Chambersburg PA
CBHW052243220526
45471CB00001B/164